告別隱形傷痕

抹去創傷印記，
卸下背負許久的情緒枷鎖，
開啟修復人生的和解之旅

상처 주는 것들과의 이별

불편한 감정 뒤에 숨어버린 진짜 나를 만나다

韓國企業指定心理師
孫廷沇——著 Loui——譯

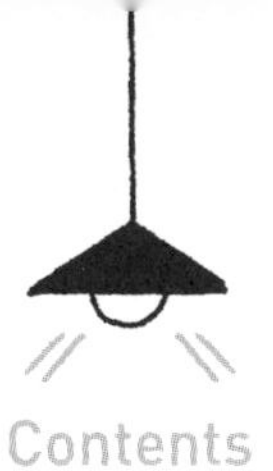

Contents

第四章

走出創傷的五把鑰匙 207

序

「明明做錯事的是他，為什麼受傷的是我？」

「為什麼我每次和別人交往都會重複同一個模式？」

「難道是我有問題才會因此受傷嗎？」

「明知道結果會如此，我怎麼還是受傷了？」

我們每天都會在生活中經歷著各式各樣的創傷。有時候，甚至難以辨別自己是受傷的一方，還是造成傷害的一方。由於不懂自己的真心，所以忍不住對每一件小事都很在意——對於這樣的我們來說，最需要的就是**確實了解創傷的起始點**。

假如放任這些創傷不管、不去治療它們，它們就會默默在心裡築巢，使你成為帶有攻擊性、高度敏感的人，抑或無比寒酸的人——家，本該是讓自己的內心安穩休息的地方，然而，有些人的家卻充滿創傷，毫無喘息的空間。

說到「創傷」，很多人都會想到令人震驚、帶來心理傷害的事件，然而，**威脅生活的創傷通常始於「互動時的一小段話或一個眼神」，而不是太大的表面傷害**。因此，本書將舉出大家從小可能累積的陳年舊傷、日常生活中三不五時會受到的傷害等，促使讀者正視這些讓人生變得痛苦的創傷，學習好好告別它們。

第一章〈到底為什麼會這樣？〉將帶領各位探索日常生活中常見的創傷，看透其中反覆出現的個人獨特模式。第二章和第三章旨在辨別表面傷害的起始點，以了解如何用健康的方式治癒這些創傷：第二章〈願我能將熱切的心意傳達給你〉述說人們如何表達創傷，第三章〈致獨自壓抑的心〉講述的是人們隱忍創傷、令其逐漸潰爛的過程。第四章〈走出創傷的五把鑰匙〉則想告訴各位最好為內心注入疫苗，避免一再受傷。

我們的一生當中，或多或少都受過傷害。每個人都笑著假裝自己沒事，但實際上早已傷痕累累。創傷無論大小，總是令人難受，但只要願意揭露傷疤、加以治療，絕對可以痊癒。然而，多數人羞於露出傷疤，忙於遮掩閃避。

遺憾的是，埋藏於內心的創傷多半躲在憤怒、嫉妒、猜忌、厭惡、羞愧、不安、悲傷、挫折等彆扭情感的背後，成為不斷折磨自己的敵人。因此，我們必須培養克服傷痛的力量。

所謂的「克服傷痛」，指的不單純只有遺忘創傷的起始點或不再感受到任何情緒傷痛，而是「能減少創傷造成的痛症，並且逐漸獲得自信、戰勝創傷」。換言之，就是**走出傷痛**，**接受不完整**、**陌生的自我**。

另外，我還想補充一段話：有人受傷，意即有人造成傷害，但我想告訴大家，**人人都該為創傷負起責任，而非執著於區別誰是加害者、誰是被害者**。

生活中的創傷多半是互動的結果，所以理當要在互動中修復。想要做到這點，我們須避免讓其中一方背負太多重擔，而且要抱持「不以彼此的創傷為恥」的心態才行。

老實說，我在寫作的過程中，再次面對了無數烙印在我人生與內心的創傷。於我而言，很多傷疤至今仍很難受。只要想到自己一直帶著這些創傷過生活，就不由得為自己感到難過，同時又對這些和我一起熬過來的創傷感到自豪。幸好，在寫書的這段期間，我好好地面對了這些埋藏已久的創傷，得以和它們告別。

若是無法走出心中的傷痛，我們說不定永遠都是敏感的人。期盼這本書能讓走不出傷痛的人有時間療癒傷口、慢慢走出傷痛，使大家有機會仔細審視讓人生變得痛苦的創傷。

孫廷沇

第一章 到底為什麼會這樣？

人們其實知道自己不該說哪些話，
舉凡令自己不開心的話、帶給自己壓力的話、
會使自己受傷的話，別人同樣不喜歡。
然而，大家都選擇遺忘。

1 所以你想說什麼？

「沒關係，不用在意我。」

在職場或社交聚會上，我們時常遇到說話似是而非、模稜兩可且使對談者感到難堪的人。與這種人對談時，往往會覺得自己陷進無法逃脫的沼澤中。

「哎呀，大家瞞著我在這裡吃好料呢。」

「啊——金部長，您來了啊。一起吃吧。」

「沒關係啦，沒事、沒事。不用在意我。」

有個職員旅遊回來，帶了一些伴手點心，由於分量不多，於是大家決定聚在一起分食，沒想到卻被金部長說得好像大家刻意排擠他一樣。最終，變得尷尬的職員們只能悄悄回到自己的座位。

其實，金部長每次與他人對話時，都是這副德性。

「吳專員，你討厭我嗎？聽說你申請轉調其他部門啦？」

「啊，金部長，那件事我還在考慮。其實，我入職以來一直想負責那項業務，恰好最近又缺人，我正想找您討論呢。」

「不是啊，我之前到其他部門的時候，吳專員立刻調到這個部門。現在我來這裡，你又想去其他部門了。我說你呀，該不會是因為討厭我才這樣吧？」

「唉唷，怎麼會呢。」

「不要緊，有機會當然要去做自己想做的事啊。不用在意我。」

站在吳專員的立場，必定很難摸清楚金部長的想法。金部長說的話表面上沒有惡意，但整體氛圍又像另有意圖，令人相當在意——不得不說，實在難以分辨他是真的動怒，還是只是為了表示親近而開玩笑。由於金部長老是如此，所以職員們都會盡量避免與他私下對談。

「大家不用太在意，我並不是為了得到掌聲才這麼說的」這句話說的正是「請大家多關注我，給我一點掌聲」、「一起下班吧！你等一下有其他的約會嗎？」這句話指的是要一起吃飯。金部長經常話中有話，不直接說出本意。

或許金部長對此不以為意，但聽在別人耳裡卻是心慌意亂，對下屬來說更是一種壓力，因為他們必須繃緊神經解讀弦外之音。到頭來，金部長含糊的說話方式只會一再造成誤會，讓人不想與他共事——相處的時間愈長，給予對方的傷害就愈多。

表裡不一，雙重束縛的言詞

為何有些人會用難以捉摸的言詞來試探別人呢？簡單來說，這是因為他們對雙方的關係沒有自信。

由於擔心自己說出真心話會被當成俗人、利己主義者或老頑固，而且也傷自尊，因此，他們隱藏「就算這樣，我也是頗厲害的人吧」、「到了我這種程度，應該有資格得到稱讚吧」、「我這個人還不錯吧」、「請安慰我」、「請關心我一下」等真實想法，以模稜兩可的話語操縱對談者的反應，甚至沒有意識到這種說話方式會帶給他人壓力與傷害。

德國知名心理治療師巴貝爾．瓦爾德茨基（Bärbel Wardetzki）於著作《你無法對我造成傷害》（暫譯）中，將人們無意間犯下的傷人陷阱統整如下：

①無論回答什麼，都會答錯的「雙重束縛」。

②滾動式修正的「雙重標準」。

③以愛為名，期望完全得到理解的「隱性期待」。

④沒有提出明確標準，要求無條件服從的「答定你[1]」。

金部長不明就裡的模糊說詞便屬於第一個陷阱「雙重束縛」（Double Bind）——雙重束縛是一種不連貫、矛盾的對話，外顯的訊息不同於內在的訊息。

使用這種說話方式的人一旦聽見別人稱讚這次的企劃案不錯，就會反問對方是否認為先前的都不怎麼樣；如果有巧克力和起司兩種口味的蛋糕，他會在你選擇巧克力時問你是不是討厭起司。或許說話者覺得這不過是日常對話，但聽者常常因為不知道該做何反應而感到尷尬、驚慌。

系統理論家格雷戈里・貝特森（Gregory Bateson）長期研究思覺失調

症患者和家屬之間的對話與互動，他將「雙重束縛」選為誘發思覺失調症的代表性對話——簡而言之，這是一種足以引發精神疾患、最糟糕的對話方式。

以無心之言造成傷害的人

「答定你」[1]是不亞於雙重束縛的傷人說法之一。說話帶有此風格的人往往會誘導對談者說出自己想聽的話，請見以下示例：

主管：「隨便推薦一個適合午餐講座的餐點吧！」

員工：「韓式便當好嗎？」

1 譯註：韓國新造詞，完整說法是「答案已經決定了，你只要照做就好」。

主管：「不會太麻煩嗎？」
員工：「想要簡單一點的話，加州捲或海苔飯捲如何？」
主管：「不會太普通嗎？」
員工：「那漢堡呢？」
主管：「吃起來不方便。」
員工：「那您覺得什麼比較好呢？」
主管：「適合大家一起坐著吃的不是披薩嗎？」
員工：「好，我去找找披薩店的菜單。」

自始至終，主管的答案早已決定好了。假如這種對話不斷重演，下屬便會意識到自己的意見毫無意義，毋須再多言，而且到了某一天，主管也會開始批評下屬被動，對下屬施加更多的壓力。

反之，偶爾也會出現讓我們變成加害者的陷阱。我們會生氣或傷心地向親友傾訴自己受到的傷害（如果有受傷的人，當然也會有造成傷害的人），但奇怪的是，不曾有人去說自己傷害了別人——這是因為就算我們傷害了別人，也不會發現自己帶給別人傷害，而「雙重標準」正是最具代表性的例子。

大部分的人處於壓力狀態時，大腦的感覺神經會變得極度尖銳又敏感，讓人感到不安、憂鬱或過度執著。一旦處於不好的狀態，就連平時不成問題的事都會觸動神經，讓人變得不可理喻、反覆無常。

舉例來說，久違的朋友問你想去哪裡時，你回答他哪裡都好。朋友想著兩人難得一見，決定找個氣氛不錯的地方吃頓豐盛的晚餐，所以選了一間距離捷運站只要步行十分鐘的景觀餐廳。然而，疲憊的你看不到朋友的心意，脫口對他說：「我今天工作超多，現在好累。早知道要走這麼久，我就不來了。」朋友為了和你吃頓大餐，認真搜尋餐廳、帶你走到這裡的真誠通通化為泡影，兩人之間的氣氛也瞬間變得冷淡。

人們其實知道自己不該說哪些話，舉凡令自己不開心的話、帶給自己壓力的話、會使自己受傷的話，別人同樣不喜歡。

然而，大家都選擇遺忘。

✳ 成為自己的內在指南針

- **你曾無意間因為某人說的話而感到很受傷嗎？**

  請參閱第四章的〈第一把鑰匙：處理生鏽的情感〉。

- **世界上無法理解的人應該很多吧？ 如果難以和他人溝通的話⋯⋯**

  請參閱第三章的〈這真的是理所當然的嗎？〉。

- **如果你覺得很難誠實表達自己的想法與情感，想要逃離這段關係⋯⋯**

  請參閱第二章的〈決心改變情感的記憶〉。

- **害怕坦露自我、總是覺得丟臉嗎？**

  請參閱第二章的〈當時應該守住自尊心〉。

2 只是想對你好

不喜歡造成別人的困擾

有對夫妻在婚後第十年選擇離婚。在親友之間向來以好人著稱的先生始終堅守著「不能造成別人的困擾」的原則，殊不知這偶爾會帶來與善意相悖的結果——更重要的是，先生似乎沒發覺當下的問題其實全由妻子獨自承擔。

有一天，這對夫妻和友人一家共進晚餐。用餐時，由於妻子得不斷留意先生的臉色，所以感到渾身不自在。

當天適逢先生有工作，妻子原本只打算帶小孩出席，結果先生的行程

碰巧取消了。妻子想著既然都要吃飯，那就順便問先生是否想同行，卻發現他的狀態看起來不太好。

於是，她對他說「你看起來好像有點累，如果想在家休息，那也沒關係」，但先生最終還是決定一起出門。

前往餐廳的途中，先生始終面有難色。她問了好幾次是否需要先回家休息，但他都回答沒關係。然而，他的表情與語氣和平常截然不同，讓她很難不在意。

在餐廳就座後發生了一件事：小孩因為貪玩，把放在桌上的筷子弄到地上了。先生當下勃然大怒，對小孩大吼：「爸爸不是說過，來這種地方要乖乖坐好嗎！」

妻子和友人夫婦因為他突如其來的舉動感到驚慌，妻子擔心小孩受到驚嚇，連忙出聲安撫，設法打圓場：「俊宇，你到那邊的筷盒裡拿些筷子過來吧。你可以做到吧？」

經過這場騷動之後，他們好不容易開始用餐，但席間先生不僅毫無誠意地隨便應付友人夫婦的發問，還因為鄰桌變得吵鬧而露出不滿的神情、頻頻嘆氣。

從先生跟往常不同的情緒反應來看，妻子可以確定他處於相當疲憊的狀態，這使得她的內心感到相當憤怒：「既然如此，一開始就不要一起來啊！剛才問累不累的時候，說清楚不就得了？幹嘛表現得好像若無其事的樣子，再繼續讓別人感到不自在啊！」妻子開始埋怨先生讓本該歡樂的飯局變得不愉快。

「無法拒絕他人」也是一種病

妻子之所以對先生不滿，那是因為他平時為了不造成別人的困擾或讓情況變得尷尬，往往不會拒絕請託，一律照單全收。當人疲憊不堪或另有

要事時，理應鄭重拒絕他人，但他始終做不到。

到頭來，先生只會像這次一樣，全程流露出令人不自在的情緒。他覺得「接受請託，不拒絕他人」是一件很有意義的事，殊不知這麼做反倒讓人更不自在——妻子相當無法忍受先生的這種態度。

正所謂「有所求而為之」。那天晚上，返家後仍無法平復心情的妻子在睡前忍不住向先生提起這件事。

「我很開心你願意跟我們一起去，不過，你吃飯的時候一直表現出不自在的模樣，讓我很在意、覺得有點心煩。這種時候，其實我希望你能坦白自己很累、想要好好休息。」

「我怎麼可能因為自己想休息就叫妳帶俊宇去就好？」

「不是啊，像今天這樣，我想你還是不要去比較好，你不覺得嗎？」

「妳要這麼想，我也沒辦法……」

「既然開口了，我們就來談談吧。你為什麼不能坦率點、直接開口拒絕別人呢？你不知道你現在的做法讓人更加不自在嗎？」

「我已經盡我最大的努力了，居然還被妳說成這樣……真令人難過。我還能怎麼辦？我的個性就是這樣啊！我不喜歡造成別人的困擾。」

「你有灰姑娘情結嗎？拜託你以後說實話吧。」

對話就此結束，但兩人依舊很沮喪，彼此都因對方而感到受傷。

出於義務的關心，有時候會成為一種傷害

先生或許覺得很委屈，畢竟站在他的立場，他是為了家人著想才這麼做。雖然很累，但他還是選擇同行、履行身為家長的義務，殊不知不懂這份心意的妻子竟傷害了他，令他感到受傷。

妻子則是認為先生的行為僅是為了自我滿足，所以才會習慣性地選擇這麼做。若非如此，他根本不會對孩子做出這麼神經質的反應。妻子的感覺很糟，她覺得先生沒有顧及她的感受。

儘管兩人都盡了本分，心裡卻變得相當不自在。

仔細觀察，你會發現這一切其實源自於這位先生沒有意識到自身行為背後的動機，不知如何表達自己的真心——他早已習慣先關心別人想要什麼，而不是自己想要什麼。

研究意義治療（Logotherapy）的維克多．法蘭克（Viktor Frankl）認為，心理學是一門為了理解人類行為背後的動機的學問。因此，動機無疑是能夠瞬間改變一個人的行動方式、偏好、信念、生活的利器。

兩年前，我曾和家人到歐洲旅行。我的小孩原本不會騎兩輪自行車，結果在出發前一周，他僅花了一天就學會如何騎自行車，當時他的動機是想騎四公里的小徑到荷蘭的庫勒慕勒美術館——平時說自己會怕，而且沒有那個必要，所以完全不想騎自行車，然而，有了確切的動機之後，便自願努力練習。

是啊，羅密歐因為茱麗葉的死亡感到悲傷，因而服毒自盡，他這麼做的動機正是為了至死不渝的浪漫愛情呀。對此，維克多．法蘭克表示，找到人生明確意義與動機的人能夠克服對死亡的恐懼。換句話說，**我們應覺察動機，而不是打造動機**。除了別人的動機之外，認識與表現自己的動機也同等重要。

此刻內心真正想要的東西

如同前述的案例，由於先生不清楚自身行為背後的真正動機，所以自然無法得到妻子的認同——他在行動之前就被「我是一家之主，必須一起出席」的原則綁架，因此沒有顧慮到自己內心的情緒、想法和需求。

在他的心中，「想休息」與「想和家人在一起」的需求發生了衝突，而他選擇了後者——縱然是無意識的舉動，卻顯示出他對家人的心意更勝自己。可惜的是，他不曾花時間思考這些感受代表著什麼，所以並未發現其中的意義與動機。由於無法解釋自己的動機，原本的好意只能跟著黯然失色，徒留委屈和失落的情緒，並且感到受傷。

假如他充分理解自己的動機，並且意識到自己想要休息的動機十分強烈，想必會這麼問妻子：「我很想陪妳去，但不知道是不是因為這星期事情太多，我覺得好累。妳不介意的話，我想留在家裡休息，可以嗎？」

如果他覺得自己想要一起去的動機更強烈，就會告訴妻子：「他們全家都出席了，如果我讓你們自己去的話，心裡會覺得很過意不去。雖然我確實很累，但還是想跟你們同行。」

一旦知道先生的真心，妻子就能採取不同的行動。她或許能體諒先生，讓他留在家裡舒服地休息；要是同行，也能多加考量先生的狀況，像是縮短用餐時間或提前徵得友人的諒解等。

當你坦率地說出自己明確的需求與動機時，你就可以期待別人同理自己、理解自己。盼各位記住，你有權使自己選擇的動機與行為一致。

✳ 成為自己的內在指南針

- 察覺自己的情緒、想法、需求等無意識反應，會是很困難的事嗎？

  請參閱第三章的〈某天，找上我的罪惡感〉。

- 想要好好溝通、不誤會彼此的話……

  請參閱第二章的〈決心改變情感的記憶〉。

- 不斷被父母操控，感覺權利受到侵犯時……

  請參閱第二章的〈帶給我最多傷害的竟然是母親〉。

- 你總是看人臉色、隱藏自己的情感嗎？

  請參閱第三章的〈老是負面思考的原因〉。

- 你是否活在「一定要……才行」的束縛中呢？

  請參閱第三章的〈這真的是理所當然的嗎？〉。

3

問題出在瞬間爆發的情緒

當下傾瀉而出的情緒

即使時代改變，常見的情侶吵架場面也不會輕易改變：一方發脾氣，另一方哄著對方；一方氣得離開，另一方追在後面或轉身離去。

「你和我看電影時怎麼可以睡著！」

「我昨天上夜班嘛，因為太累了，所以才會睡著，對不起。」

「不是因為和我約會覺得很無聊嗎？」

「又、又、又在曲解我的意思了！」

「曲解？我們分手吧！」

「什麼？」

「我說分手！」

「妳到底怎麼回事？每次一生氣就提分手！」

「我本來就這樣！你決定和我交往的時候，難道不知道我是這種出爾反爾的人嗎？」

「對，我不知道妳是這種人。」

「現在知道也不遲。我就是這種人，可以了吧？所以我們分手吧。」

「拜託妳不要再說了，我不會跟妳分手。妳氣消之後，不是又會打電話來哭著跟我說抱歉嗎？」

「什麼？你懂什麼？原來你一直把我當成奇怪的神經病！」

「我不是那個意思，不要扭曲我的話。」

「所以啊，你以後不用再和扭曲的我交往了，這樣不是很好嗎？分手吧！」

「妳明明等一下就後悔了，幹嘛這麼拗啊？」

「我不管，分手吧！」

女子這次依然忍不住對男子說出無心之言，然而，她其實也是無可奈何，因為她發脾氣時必須把當下的情緒全都發洩出來，內心才會舒坦。雖然是自己先提分手，但男子如果點頭同意分手，她又會放聲大哭，不斷指責、糾纏對方，直到他願意回心轉意。

女子究竟為什麼要這麼做呢？

老是曲解他人意思的原因

戀愛總是甜美的。男女陷入愛河時，往往只看得見對方的優點、看不到缺點，所以會變得盲目，有如套用「粉色濾鏡」——當兩人出現誤會、

不斷起爭執之後，粉色濾鏡就會變得黯淡。

對男子來說，女子平常是比誰都好的另一半，不過，只要出現小小的誤會，她就會把問題放大，甚至走向極端，不曾試圖解決問題。之所以如此，那是因為她不太能承受壓力，唯有透過對另一半發火、說些無心之言傷害對方的心，才能感到釋懷。

然而，讓女子不惜傷害另一半也要確認的究竟是什麼？簡單來說，女子想藉由男子的言行來確認對方是否真的愛著自己。至於女子為何時常曲解他人的意思，原因也很簡單，**純粹是因為這種表達方式熟悉、好用**，而這種傾向多半源自於孩提時期與父母之間的關係。

女子的父母很常爭吵，孩子擔心生氣的母親會丟下自己離家出走，所以總是心存不安，甚至再三詢問「媽媽什麼時候回來？」、「媽媽應該不會出門吧？」、「媽媽，我放學後妳會在家嗎？」。

女子與母親之間的依附關係，屬於心理學所說的「抗拒型依附」——

這種模式源自於「渴望母親愛自己、與自己維持親密關係」卻又「排拒對自己冷漠的母親」的矛盾情感。

擁有抗拒型依附的人與另一半出現爭執時，往往會感情用事——只知道哭鬧，不斷追究、盤問，讓對方感到厭倦，但這種人其實很怕聽到對方提分手。由於老是擔心對方會失望離開，所以寧可曲解語意，也要再三確認對方的心意，好讓自己安心。

雙方若是剛開始戀愛，可能會在鬥嘴的過程中感受到如同坐雲霄飛車般的刺激與興奮。然而，如果同樣的模式一再上演，勢必會讓彼此日漸疲憊，甚至覺得自己的另一半不過是情緒管理欠佳、心智不成熟而已。

沒有妥善處理的情緒會在某天突然爆發

想當然耳，無法調節瞬間湧上的情緒、高度神經質、亂發脾氣、表現

極端的人會帶給別人傷害，令人難以想像的是，當事人其實也會受到很大的傷害，因為他們知道爆發的情緒將成為雙方發生第二次、第三次衝突的導火線。

不過，他們就算對此心知肚明，也很難管理好自己的情緒，因為只要把當下的負面情緒一吐為快，就能使他們的心情獲得舒緩，同時還能傳達訊息、告訴對方自己很不開心，所以很難停下這種舉動——這種舉動就好比小孩藉由哭鬧向父母傳達「肚子餓」、「想睡覺」、「大便了」、「好無聊」等訊息，以哭泣或耍賴的行為死命央求別人理解自己的想法。

假如父母對小孩的哭鬧做出適當的回應（例如試著理解、處理小孩的情緒），小孩就會有安全感——生長在這種積極處理情緒的環境下，我們將能好好認知、感受、表達自己的情緒。可是，如果這時沒有好好處理、把未排解的情緒隱藏在心中，它有可能會在某天突然爆發，吶喊著要你正視它。

直接宣洩情緒的當下，也許你會覺得心情獲得舒緩，但馬上就會開始擔心後續的不良影響，並且顯得更加擔憂與不安，然後再度因自己無法控制情緒的行為感到失望，甚至覺得自責。況且，對方當下可能會這麼想：「受到這種待遇，我還要繼續和這個人交往嗎？」、「這點小事就氣成這樣，以後要是遇到更嚴重的事，想必很難解決吧」、「我要繼續和對方交往嗎？」。原本只是想確認感情的真偽，殊不知竟讓對方有了深思這份關係是否該繼續的念頭。

我們都希望自己的情緒能獲得充分理解，得以完整表達與排解。因此，我們需要練習努力走出創傷，無時無刻不注意自己的心裡是否藏有尚未排解的情緒。

✳ 成為自己的內在指南針

- **如果你擔心被別人拒絕或丟下……**

  請參閱第二章的〈相處時反覆出現相同的模式〉。

- **你是否習慣做某件事來逃避痛苦？**

  請參閱第二章的〈想要逃跑的時刻〉。

- **想要逃離父母的心理控制，卻覺得很難……**

  請參閱第二章的〈帶給我最多傷害的竟然是母親〉。

- **你想知道自己追求的是什麼、想多理解自己一點嗎？**

  請參閱第三章的〈擔心別人眼中的自己很奇怪〉。

- **假如你曾對無法控制情緒、衝動的自己感到失望……**

  請參閱第三章的〈當內心充滿莫名其妙的焦慮時〉。

- **你曾認為生活因無法忘懷的創傷而變得一場糊塗嗎？**

  請參閱第四章的〈第四把鑰匙：改變記憶的脈絡〉。

4 實在難以置信

不能相信別人的人

有些人不管對什麼事都心存懷疑。在他們眼裡，世界上只有讓自己陷入困境或想利用自己的人，他人或周遭發生的一切絕不可信。

這代表他們**缺乏安全感**，他們自認處境危險，別人都想折磨自己、傷害自己，只要與別人對視或擦肩而過，就會懷疑別人對自己有所意圖。如果別人對自己好，就會懷疑有其他企圖；如果別人不太關心自己，就會以自己的方式強加註解。碰上不滿意的事時，還會不斷和他人爭論，直到對方投降為止。

這是偏執型人格的常見特徵。不過，從他們的立場來看，這些令人疲

傲的行為是自我保護的防禦機制。此外，即便不是特殊的人格障礙，我們也時常遇到性格略為偏執的人。他們總是把玩笑當真，所以身邊的人與他們對話時必須相當小心，除了要想辦法不出紕漏，還得跟著他們一起變敏感。因此，大家往往覺得他們挑剔、疑心病重。

「那些人是不是聚在一起嘲笑我啊？」

「你為什麼對我這麼好？一定有什麼企圖吧。」

「只告訴我這件事也太奇怪，想必是要陷我於不義。」

「他雖然笑著跟我說話，但內心一定在無視我。」

「她為什麼在頭像狀態寫那段話？分明是故意寫給我看的。」

無論再怎麼向他們解釋事實並非如此、全都是誤會，他們也不會相信。不得不說，與這種人對話有如以卵擊石，令人精疲力盡。他們的字典裡沒有巧合，所有事件都是計畫好的。也就是說，他們就像寫小說一樣，只看自己想看的、相信自己想相信的。遇到這種人時，我們總會思考，這樣的人是否真的值得我們花費這麼多精力。

疑心病：為了保護自己

有些人生性多疑，不太信任別人，但有些人是為了不在人際關係中受傷，所以才特意採取防備姿態。不過，從外在表象來看，這兩種人的行為幾乎一樣。

各位一定都聽過「不可隨便相信別人」、「輕信別人是一種罪」等說法，當一個曾經非常信任他人的人突然開始疑神疑鬼、變得相當憤世嫉俗時，其背後多半發生了改變他的想法的事件。

「每次說到最後都是錢、錢、錢，妳都不膩嗎？」

「看看妳！假如妳沒錢，誰會想理妳？尊敬、信任、義氣……想談這些也要先有錢吧，看看妳爸就知道了。」

這件事發生在我辭去原本的工作、開始上補習班的時候。那段期間，課程內容雖少得可憐，但要學的卻很多，好不容易騰出時間與母親通電話，卻往往令我更加疲憊。

母親老是不斷叨念著「不要相信別人」、「多存點錢」、「再好的朋友也不要有金錢往來」、「不要當保證人」、「不要對別人太好」。母親出於對金錢的執著與對人的猜忌而產生的防禦行為，有時會讓人覺得有些過分，但她以前並不是這樣的人。

父親多次幫朋友作保，結果出了問題，我們家不得不代為還債。後來，父親發生事故，朋友嘴上說著會馬上返還，卻帶著為數不多的保險金消失，而那筆錢再也沒有回到母親手中。

雖然這起事件算不上威脅生命的大型創傷，但當時母親已經為了照護父親感到心力交瘁，別人的一言一行都足以對她造成傷害。

從那時起，母親有了兩個信念：「絕對不能相信別人」及「再親近的人也不要有金錢往來」。

如今，母親不再全然信任他人，尤其是遇到跟錢有關的事情時，她都會變得非常敏感，除非親眼確認，否則不會放下戒心——她總是一再嚴謹地確認，對任何人事物都加倍懷疑。

當相同的小創傷再三發生時

承受不了壓力或有心理創傷的人很有可能為了保護自己，對他人採取防備、敵視的警戒狀態。

普遍稱為「創傷」（Trauma）的「外傷事件」（Traumatic Event）指

的是死亡威脅、生理傷害、性暴力等對個體來說相當嚴重的衝擊事件。一般而言，三豐百貨倒塌事故、大邱地下鐵爆炸事件、世越號沉沒事故或交通事故等重大事件都會造成創傷。不過，一種名為「複雜性創傷」（Complex Trauma）的情形與上述重大事故不同，其肇因於「不斷反覆發生的小事件」。

來談者中有名女性曾罹患季節性憂鬱症。

二十幾歲的某個冬天，她曾匆忙地在小行李箱塞了幾件衣服，像被趕出家門一樣離開父母家[2]；下著暴風雪的冬日，心愛的男人向她提分手；她在寒冷的冬天被迫離開努力工作的第一個職場，拖欠的薪資不僅沒拿到，還在堆滿雪的下坡路滑倒，因而摔傷了腿。

2 譯、編註：韓國人較常稱原生家庭為「父母家」。

在那之後，只要一到冬天，她就會無精打采，憎恨那個折磨她的男人，以及和他同樣身為男性的全世界的男人。

這就是複雜性創傷。擁有這種創傷的人有著無法控制情緒、喜怒無常的特徵，他們會把自己感受到的不安、恐懼、憤怒等激烈情緒曲解成自己覺得自在的形式。

基於誤會與不信任，擁有這種創傷的人的話語不但會讓對談者感到厭倦，還會留下痛苦的傷疤。對他們來說，這僅僅只是不讓自己再次陷入感情泥淖的正當防衛，但對於對談者來說，這是無謂的論辯與較量，想要避開也是情有可原。

面對他們不太合理的防備姿態時，我們必須幫助他們理解眼前所見的並不代表全部。反過來說，**如果你屬於疑神疑鬼、不信任別人的類型，必須認知到周遭的一切並不全然是威脅或障礙**。

✳ 成為自己的內在指南針

- **你是否打造了一堵牆、讓其他人無法接近？**
  請參閱第三章的〈這真的是理所當然的嗎？〉。
- **如果你不斷壓抑情緒，而且又衝動行事……**
  請參閱第二章的〈明明做錯事的是他，為什麼是我受傷？〉。
- **當你受到傷害、卻把痛苦藏到心裡時……**
  請參閱第三章的〈不曾撫慰過的心〉。
- **如果你對沒有好好哀悼的創傷事件感到不安……**
  請參閱第三章的〈失去的一切同等重要〉。
- **你想一掃過去的傷痛、展開新的生活嗎？**
  請參閱第四章的〈第五把鑰匙：放下〉。

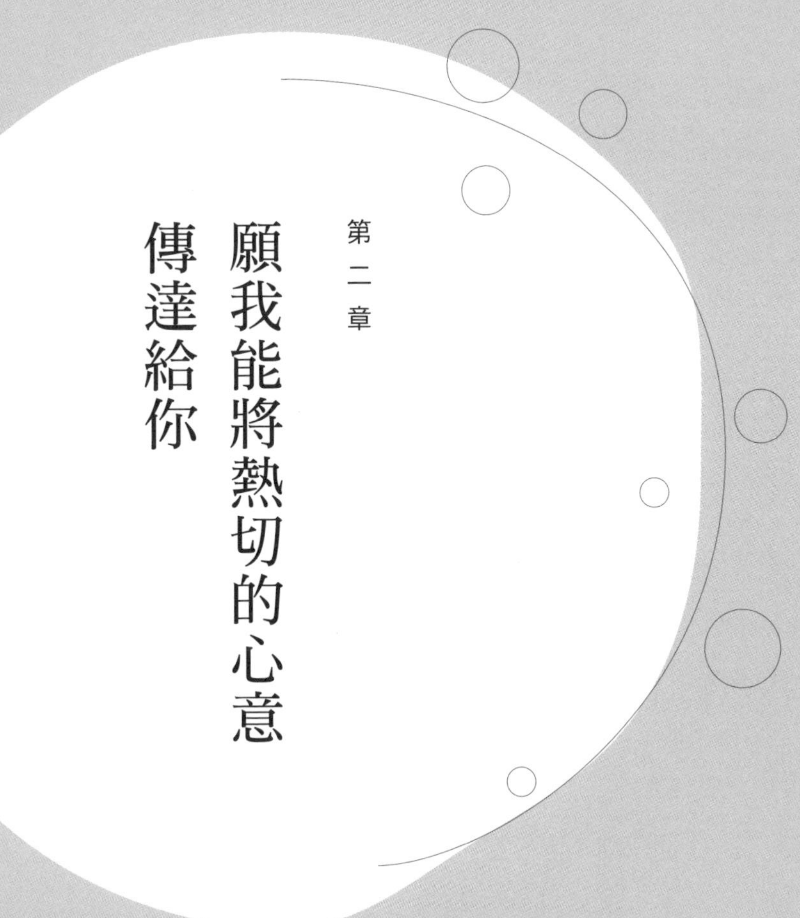

第二章

願我能將熱切的心意傳達給你

你必須先識別自己的情緒，
調整好狀態，讓自己擺脫激烈的情緒，
再以對方能夠聽懂的語言表達自己的感受，
等待對方的回應。

1 當時應該守住自尊心

或許我不是個好人

對我而言，活到現在最痛苦的事情之一，或許是承認自己可能不是個好人。儘管我曾傲慢地看著那些將金錢與權力視為一切的人，對他們指指點點，皺著眉頭說他們是不懂生活哲學的俗人，但是到頭來，我終究還是向這股力量低頭。補教興起後，我批評過掀起浪潮的媽媽們很愚蠢，不懂對子女來說真正重要的是什麼，但輪到自己時，卻以不同的標準將「送子女去補習」這件事合理化。

縱使我想當個完美、善良、以身作則的好人，卻總是事與願違——我不時會犯錯，老是堅持自己愚蠢的主張，甚至因傲慢的姿態而成為他人指

責的對象。過了很久之後，我這才意識到原來自己一直將「展現疲憊、憂鬱」這件事視同打輸與他人之間的心理戰，總是活在「韓國小姐的微笑（假笑）」當中。

「承認自己有不堪的一面」確實會讓人很受傷，也很痛苦——你會感覺自己成了一個殘缺不全的無用之人，所以總是忍不住想抗拒。我覺得自己應該當好人到底，變成別人羨慕嫉妒的對象並不是壞事，因此，我以為這一切都是映照完美自我的鏡子，極力否認這不過是虛榮心打造的錯覺。直到接受自己活得比任何人都不完美之前，我只能把雜亂無章、缺乏整理的過去塞到不起眼的角落。

後來，等我開始研讀心理諮商，藉由訓練學會正確連結記憶與經歷，這才得以平靜直視這面鏡子。這件事看似很痛苦，實則微不足道。

「我只是很害怕，擔心別人會失望，擔心自己變得一文不值。沒錯，我只是害怕而已。」簡單的一句自白便足矣，為什麼以前做不到呢？

每個人都很介意向他人展現不完美的自己，試圖對自己的不堪視而不見，想藉此欺騙自己與他人——原因無他，純粹只是因為「這樣做比較不痛」而已。

隱藏自我的人認為人生只有優或劣兩種情況：既然有了優點，那就不該有缺點和侷限。他們之所以會這麼想，主要源自於扭曲的「自戀」（Narcissism）。

總是想成為主角的扭曲自戀

我們就像白雪公主故事中的繼母，總是想要確認自己在別人眼中的價值。當然，我們不會像她一樣直接問「魔鏡、魔鏡，誰是世界上最漂亮的人？」，但多少還是會希望別人肯定自己、認同我們的重要性。如果無法滿足期待，我們就會失望、憂鬱，或者藉由詆毀不懂我們的價值的人來尋回內心的平靜。

因為自尊心嚴重受創而前來諮商，三個月以來一直對外宣稱自己是邊緣人的慧媛，在她身上也有類似的狀況。她排斥面對真實的自我，遲遲不肯打開心門。然而，這樣的她某天突然提起自己小時候的事。

那個時候，年幼的慧媛曾滿心期待地想著「老師應該會叫我吧」，但老師始終沒有叫她的名字。沒有成為主角的失落感讓慧媛漸漸感到氣憤，不到十二歲的她實在不能接受那一天的名單，她原本以為自己能被選上。

「我到底哪裡比不上那些人？」

「我不能接受。」

「為什麼老師只喜歡他們？」

「老師是因為我家很窮，所以才不選我嗎？」

那次選的是秋季運動會焦點，六個孩子將戴上閃亮的花冠，搭配美麗的韓服，各別抓住長柱上掛著的彩帶交錯奔跑，如同綁辮子一樣扎起彩帶。當長柱被五顏六色的彩帶團團環繞時，圍繞在操場邊的人們便會大聲鼓掌喝采。至於其他沒有被選中的孩子們，則是身穿白色運動服，戴上花花綠綠、極為難看的錐形帽，敲著手鼓到處跑跳。在慧媛眼裡，那不過是陪襯。

對於年幼的慧媛來說，「不能成為主角」的事實是難以忍受的恥辱。後來，她得知選擇的標準其實不過是按照身高排序，但飢渴的心並未因此得到滿足，反倒因為得知事實，使她非常埋怨自己的矮小身高。

長大以後，慧媛仍嚮往有朝一日能成為主角。不過，她最近在升職考試中落選了，這讓她感到十分羞愧，覺得自己再度成為配角，因此決意當個邊緣人——慧媛生了很大的氣，她不滿自己成為缺乏實效的新評分制度下首位不幸的犧牲者。

慧媛理想中的樣子是得到他人肯定的瀟灑職場女性。因此，這次的人事評比等同於在她的職業生涯留下不可抹滅的汙點。以她的標準來看，社會中僅有兩種人，那就是「受人尊敬的人」與「不受人尊敬的人」，而她現在不過是戴著錐形帽、敲著手鼓在操場上跑跳的陪襯，絕對無法成為備受肯定、受人尊敬的對象——對於自己被歸類在一群無能的人當中，她感到非常羞恥。

事實上，慧媛曾對與自己狀況雷同的人說過「如果有工作能力好的人，相對地，當然也會有工作能力不好的人。你沒必要覺得冤枉，應該承認那是自己的實力，不是嗎？」或「我不曾見過工作能力好的人不願接受結果，甚至是怪罪別人」，心中暗自認為那些人可悲又無能。

然而，當她身處相同的處境時，卻覺得自己很可憐、委屈。絕大多數的人都會想起自己過去的言行，並對此感到懊惱與後悔，但自尊心強的人卻會表現出相反的面貌，原因在於「他們只在意自己的感受」。

原來那是自卑感，不是自尊感

自認生來比別人優越、控制慾強大的人在遭遇失望或挫折時，往往會否認現實，認為不可能發生這種事、一定是哪裡出了差錯。

淪為失敗者已帶來難以想像的痛苦，所以絕不能再讓別人察覺自己的煎熬，而「感到挫折」形同承認自己的錯誤或自己是一個失敗的人，因此必須表現得若無其事、拚命假裝不介意——如此一來，能夠做的只有盡量斬除不必要的人際關係，怨恨、否定使自己陷入這等困境的人。假如有出氣的對象，他們會比較安心，因為得以在出氣的當下遠離為難自己的痛苦和羞愧。

你的身邊應該也有幾個自命不凡的人吧？他們通常帶有自大狂妄的優越感，判斷事情的標準非黑即白，樂於當個法官評判自己身邊的人。要留意的是，他們討厭別人評判自己，特別是收到不好的評價時，他們會斷定

評價過程有問題，拒絕接受結果。

慧媛也一樣。當她獨有的公式（「完美」才能成為得到他人肯定的職業女性）破滅的瞬間，她最不能忍受的就是一張張指責她的同事臉孔。她認為同事心裡都想嘲笑她，只是沒有說出口。她一直佯裝自己是自尊心很強的人，殊不知只是妄自尊大。

這種從不健康的自戀演變而來的不穩定的自尊，迫使他們只能從別人的稱讚、肯定和期待的滿足感中感受到自己的價值。他們總是沉浸在自己的情緒之中，所以常常扭曲、否定他人的感受——若別人否定自己，就會表現出強烈的憤怒。

由於生氣的剎那看起來相當強勢，一點也不軟弱，所以這讓他們認為自己可以藉此守住自尊心，殊不知等到事後才明白，原來那根本不是自尊，而是充滿自卑的傲慢。

修復人生檔案的和解練習

接受自己不完美的素顏

我們是評價別人的評價者，同時也是別人的評價對象。因此，在與意志無關的評價結構中，人們會「希望得到他人的肯定和尊重」是很理所當然的。

「肯定」是人類最基本的需求之一，也是生活的原動力。事實上，「肯定需求」能使人在建立自己的目標且加以實現的過程中，發現自我價值和內心需求，並且促進內在「真我」（True-Self）的成長。

然而，**當我們認為自己沒有在父母、朋友或職場同事等我們生命中重要的他人身上得到充分的愛與肯定時，健康的自我成長便會停止。**從那時起，剩下來的就只有死命設法不被他人拒絕、把「得到肯定」當作人生最大目標的「假我」（False-Self）。

我們本該保護「真我」及順應他人需求的「假我」，讓它們相輔相成，然而，如果在某個瞬間，兩者關係失衡，剩下的就只會是「假我」。不明白「真我」是誰的人，平時就像一碰葉子就縮起來的含羞草，對每個人都很警戒。這種情況常常發生在成長過程中父母的關愛不足或過剩，抑或僅經歷過強烈講求感情要有獎懲機制的人身上，他們不斷渴求肯定，直到撫平內心的創傷。

他們對甜蜜的稱讚成癮，為了變得比別人優越、完美，所以不斷強迫自己工作或讀書。於他們而言，「無法獲得肯定」形同自己劣於他人，因此會愈來愈不滿足，而無預警曝光的羞愧感、無力感、憤怒等情緒，更是讓自己陷入了困境。

由於害怕別人發現自己脆弱的模樣，所以肢體動作會變得愈來愈誇張，說話也會愈來愈大聲。若是感受到別人可能在攻擊自己，哪怕只是微弱的訊號，也會急著先發制人——他們認為自己發怒全是外界或他人所致。之所以如此，那是因為他們相信這是保護自己最好的辦法——想當然耳，以這種狀態與他人相處，必定會帶給別人與自己傷害。

無論是誰都會追求優越，這件事本身不構成問題，然而，否認自己可能犯錯、不切實際地想要永遠保持優越的行為，充其量不過是隱藏自卑的病態症狀。

心理學家阿德勒（Alfred Adler）說過，我們應防備為了不被察覺自卑感而出現誇大表現的「優越情結」（Superiority Complex）。想要做到這點，就必須接受自己不完美的素顏。

★請停止「我很沒用」、「我得不到愛」的自卑感中「想盡辦法證明自己」的行為。

★請抱持著「我也有可能犯錯」、「別人也會喜歡這樣的我」、「因為是我，所以可以做到」的想法，試著接納自己。

當你試圖對別人隱藏自己不好的一面時，「不安、敏感的我」就會出現——請記住，恥辱感和羞愧感不過是自己創造的次級情緒。

2 想要逃跑的時刻

「裝作若無其事」也是一種成癮

當你觀察周遭時，其實不難發現身邊存在著對某些事物成癮的人，最常見的就是終其一生執著於金錢、為錢而活的人——他們隨時隨地都在討價還價，待人處事也因人而異。有些人則是把所有的時間與精力投入到洗學歷上——讀書的確是百年大計，但如果總是排在第一順位，優先於家庭、健康、休息等任何事情，那也算是一種成癮。有些人即便沒有急用或需求，也無法停止購買慾——簡單來說，就是失控。

表面上的成癮不一定是全部。有些人對強烈的情緒成癮，一直活在憤怒、悲傷或喜悅當中，他們無法感受到輕微、渺小、薄弱的情緒波動，渴望更沉重、巨大、刺激、強烈的感受。就算可能毀滅自己，也不願中途放棄，反而追求得更加積極。

除此之外，有些人會保持「認知成癮」的狀態，不斷說服自己「我沒事」、「不會痛才是成熟的人」，以逃避不愉快的情緒。試想一下，如果眼前有個人說「我活到現在不曾對誰發過脾氣，也不曾生過氣，因為沒有什麼我不能諒解的事」，而另一個人說「最近我因為……好生氣」，這兩個人究竟誰比較誠實、健康呢？**我們必須準確得知自己的感受，才能確實調節情緒。世上沒有不生氣的人，他們不過是對「阻止自己感到生氣」的行為成癮罷了**。

成癮是在「尋找感情的替代品」

當我們沉浸在自己的思緒中時，有時候就算走在被雨淋濕的泥濘上，也不會察覺鞋子沾上了泥巴，必須等到移動腳步的瞬間，才會感受到泥土的重量——看到泥土如同吸附在磁鐵兩極的鐵粉，緊緊黏在鞋子上。

有段日子，我曾對工作成癮，但我卻不自知，一如鞋子沾上泥巴。起初，我認為自己樂在其中，因為自己終於找到了合適的工作。那個時候，我的平均睡眠時間不超過四小時，現在再叫我那樣工作，我絕對會立刻舉白旗，但當時的我認為那是職場媽媽的必經之路，因為孩子還小，理當要在小孩入睡後的深夜到凌晨準備課程或讀書。

不過，我的行為突然有了奇怪的重複模式。比方說，當先生傷了我的心時，我就會開始尋找書桌，從中轉換心情——這個舉止與購物、賭博、性、宗教儀式等成癮行為相仿，主要藉由某種特別、反覆、強迫性行為來調適情緒。多數專家認為，**「心理創傷」是最常見的成癮原因**。顧名思義，就是在**尋找感情的替代品**。

如同絕大多數的人，我希望自己受人喜愛，到哪裡都吃得開。我一直備受疼愛，在肯定與支持中成長，所以確信自己的內心不曾受過傷害，然而，創傷卻倏地現身在最意想不到的地方。

鞋子第一次沾上泥巴是在我二十歲的時候。孩提時期，我最常聽到的肯定或鼓勵是「做得好」、「好厲害」、「我相信你」、「沒關係」這類的話——說這些話的人是我的父親。二十歲那年，父親因為一場意外的車禍導致全身失能，我再也無法從父親口中聽到支持或安慰我的話語。雖然我很難受，卻選擇以壓抑情緒的方式來包裝自己：只要悲傷襲來，我就開始喝酒，酒一旦入喉，不喝掛絕不罷休。我從沒想過自己竟然會對這個行為成癮。

不過，我現在懂了。過去的我逼迫自己轉換無法忍受的痛苦情緒，屢屢依賴酒精，讓虛假的情感欺騙自己。等到稍微長大之後，再用工作這個藉口欺騙、無視自己的感受。以為學了心理學的自己已經成為不錯的大人，殊不知自己始終躲藏在「沒關係」這句話的背後。

恥辱感支配了所有的感受

我在諮商室認識了裕貞，她是一個二十出頭的女生，有著充滿魅力的臉龐——看起來養尊處優的她和過去的我一樣，腳上其實穿著滿是泥巴的鞋子。

討厭一個人獨處的裕貞最不能忍受的時刻是晚上九點。每到了晚上九點，她就會坐立不安，在房間裡走來走去，然後拿起手機發簡訊給朋友。「你在幹嘛？要不要出來喝一杯？」每當她感到不安、迷惘或煩悶時，都會想辦法做點事情，讓自己有不同的感受。若是約朋友見面聊天、喝酒，不安和憂鬱將會隨著喧鬧聲消失在夜裡——現場洋溢的愉快氣氛讓她感到自豪，覺得自己很會調節情緒。

裕貞就讀高中時，對讀書和學生生活興致缺缺。她和所謂的壞小孩打成一片，還學會抽菸和喝酒。那個時候，裕貞的父母已經離婚，由於她的徬徨看似毫無好轉的跡象，因此被父親打了一頓——她正值敏感的青春期，對此反感也是情有可原，不過她說自己沒有什麼特別的感覺，也不埋怨父親。換作是我，應該會很受傷，她卻表示這不算什麼，不想再多談，情況顯然不太對勁。

還有一件很特別的事，那就是裕貞在諮商過程中從不忘記保持微笑，就連訴說痛苦的回憶時也是如此。我問她：「妳說自己現在很辛苦，但妳為什麼始終面帶微笑呢？是想藉此遺忘些什麼嗎？」當時，她這麼回答我：「雖然我想擺脫這個與眾不同、擁有缺陷的家庭環境，但是不管怎麼努力，我都是在原地踏步，這讓我很憤慨。同時，我也對因為這點小事就生氣的自己感到慚愧。」

原來，裕貞的笑容是為了隱藏對自己的恥辱感。

「恥辱感」是人類自覺有缺陷或不足時油然而生的情感。當人感受到其他情緒（例如悲傷、恐懼、憤怒）時，恥辱感不會坐視不管——它會支配你所有的感受，令你感到「有這種情緒很愚蠢」。換句話說，就是麻痺一切感受，讓人變得麻木。

我們所知的「成癮」之先決條件就是這種麻木感。裕貞表現出來的成癮行為正是出自於「恥辱感」，她在看不到出口的現實中感到害怕，但恥辱感不讓她接受恐懼，反倒讓她接下了酒杯。

修復人生檔案的和解練習

練習花時間自我關懷

假如我們的各種感受被恥辱感所困，就會對某件事成癮，採取讓自己變得麻木的防禦機制，這對健康非常有害。因此，**如果想擺脫痛苦，我們不應執著於「轉換心情」，而是要想辦法停止我們的恥辱感**，別再因為害怕別人發現自己的創傷而使用「否定、壓抑、投射、轉換、縮小」之類的防禦機制。

與其「否定」某個事件的真實性，「壓抑」地認定它不曾發生，何不告訴自己這是每個人都有可能遇到的事情？相較於把發生在自己身上的事、感受到的情緒「投射」到別人身上，擔起責任是更好的做法。每當發生不愉快、不自在的事時，比起依賴酒精、購物、賭博、性等來「轉換」

心情，不妨深吸一口氣，觀察、感受「我現在覺得很不安」的情緒，不要多做批判。與其裝作若無其事、試圖「縮小」問題，不如先好好安慰自己，畢竟，要熬過這種事情想必會非常痛苦。

這個過程並不容易，因此，我們必須先花點時間充分了解自己的感受，才能卸下令人為難的防禦機制。這段只為自己、不為他人的時間，正是「自我關懷」（Self-Compassion）的時間——關懷自己，將協助你擺脫「恥辱感成癮」，不再困在自己做錯事或本身是個錯誤的念頭之中。

自我關懷的方式有三種，分別是①「**善待自己**」（Self-Kindness）、②「**共通人性**」（Common Humanity）、③「**正念**」（Mindfulness）。「善待自己」說的是正視自己的創傷、痛苦或缺點，彷彿安慰親友那樣，親切地對待自己；「共通人性」旨在承認痛苦和挫折不只發生在自己身上，任何人都有可能經歷；「正念」講求觀察、感受既有的現實，不強迫自己否認或壓抑痛苦。

一開始，你可能會對花時間進行自我關懷的行為感到陌生和尷尬。為此，我推薦各位參考以下的書寫方式與範例，請試著在睡前寫下自我關懷日記——請想像自己正在寫日記，以文字記錄當天發生的事件中有關自我關懷的三種方式。

首先，回想一下破壞內心平靜的壓力事件。接著，請寫下當時感受到的負面情緒與想法。最後，請試著運用自我關懷的三種方式來轉換原本的感受。

倘若養成寫自我關懷日記的習慣，之後就算不動筆，也會自然而然地花時間自我關懷。此外，這不只適用於今天發生的事件，過去發生的事件同樣可行。

日期	壓力事件	我的情緒
7/14	同事的企劃被選為團隊專案，我覺得那是因為他和部門負責人比較親近，所以才會得到這個機會。	對嫉妒同事的自己很不滿意，覺得很羞愧。
善待自己	**共通人性**	**正念**
「認真努力寫企劃的我很帥氣！有些人中途就放棄了，但我卻撐到最後，實在很棒。」	「用心準備的東西沒有獲得好評，無論是誰都會感到心理不平衡。」	「原來我在嫉妒同事啊，看來是因為我也很用心準備，所以才會渴望受到肯定。」

3 相處時反覆出現相同的模式

一再上演的行為模式

希臘神話中登場的愛可（Echo）是森林精靈，喜歡說話的她因為協助宙斯與精靈們出軌，因此惹惱宙斯之妻赫拉。憤怒的赫拉詛咒愛可，讓她只能模仿別人說話。後來，愛可愛上了美少年納西瑟斯，卻因為不能正常交談，連一點點關注都得不到。充滿挫折、失望的愛可將自己關在洞穴裡寸步不離，從而日益消瘦，最終只剩下聲音。

有個名為在熙的女生，她不想和愛可一樣迎來悲慘的結局。光是在諮商過程中把自己和交往對象的對話訊息拿給我看，便足以讓她興奮不已。

「我好像感冒了，睡一覺應該會比較好。」

「好啊，晚安。」

在熙想要的反應絕對不是一句「好啊，晚安」，她想看到的其實是對方出於擔心、緊張地找上門來的樣子。可是，對方卻表現得漠不關心，直接向她道晚安，這讓她十分生氣。於是，忍無可忍的在熙回覆了一則長篇訊息。

「我都說我不舒服了，你怎麼能這樣？我有可能不是感冒啊。要是我生了大病，永遠無法再相見，你可能會愧疚一輩子、不能好好生活耶。要是想這樣孤單過日，幹嘛和我交往？」

對方沒有任何回覆。日復一日，她的訊息彷彿飄在空中的肥皂泡泡，隨時都會破滅。在熙感到既不安又憤怒，彷彿來到世界末日。她在黃湯下肚後，傳訊息告訴對方自己要自殺，並附上自己抓著方向盤的照片。

這是她的第五任男朋友。她的戀情一向不超過六個月，每當與某個人的關係趨穩，很快就會發生問題，最終走向破局——這是因為她早已習慣「質疑愛情，然後將原始情感傾注到對方身上」的戀愛模式。

莫非是邊緣性人格障礙？

何謂人格？心理學家埃里希・佛洛姆（Erich Fromm）指出，人類的性格養成源自於自身與外界的「相處」方式。精神科醫生哈里・斯塔克・沙利文（Harry Stack Sullivan）則說，人格取決於重複的「人際關係狀況」模式——「人際關係狀況」意指自己與他人相處時的相關情緒經歷。

人際關係存在愈多缺陷的人，對愛情愈執著。他們唯恐交往對象拋下自己，因此會為對方付出一切，殊不知這樣的舉動反倒讓對方喘不過氣，只求他們不要這麼執著——這類型的人有如努力說話的愛可，以及執著於自己的倒影的納西瑟斯。他們之所以愛得如此辛苦，那是因為他們本身與他人的相處方式（人格）存在著致命的缺陷。

由於父母忙於工作，在熙從小就與住在偏遠小鎮的祖父母一起生活。父母本來一星期會來看她一次，後來變成一個月來一次，甚至是六個月才來一次。不過，當她在校成績優異時，父母便會打電話或寄禮物給她。因此，在熙認為只要保持好成績，父母就會更關心自己，所以在學期間一直努力維持名列前茅。然而，父母對她的關心並沒有太大的轉變。她心想，父母拋棄了年幼的自己，否認了自己的存在。

為了不再被拋棄，在熙愈來愈容易繃緊神經。不安讓她的內心變得空虛，老是過度依賴、執著於交往對象。而且，她開始以非黑即白的二分法來評價一切，一再極端理想化或貶低某個對象，尤其是異性：假如有人對她不錯，便盛讚對方是完美的人；要是對方稍微怠慢自己，就將對方視為萬惡罪人，厲聲譴責。在熙嚴重的情緒起伏使身邊的人逐漸疏遠她，但她

卻認為他們是無視、踐踏自己真心的暴徒。

在熙的想法和行為與邊緣性人格障礙的症狀一致。邊緣性人格障礙（Borderline Personality Disorder）的成因大致可分為①「生物學因素」、②「二分法思考」、③「負面的教養態度」。他們的童年相對不幸福，從父母身上得到的稱讚、肯定、愛若不是少得可憐，就是缺乏一致性。對此，他們經常感到錯亂，不清楚被稱讚的自己和被指責的自己何者為真。基於自我價值感低落，他們會不時確認自己是否有資格被愛。

即使對方當面告白，他們仍會不斷想著「他真的愛我嗎？」，並且持續感到不安，直到情況足以安下心來——舉凡死纏爛打，甚至是以死相逼或自殘等威脅，都是他們的手段。在熙之所以選擇酒後開車，就是因為覺得交往對象在看到令人震驚的衝擊照片後，一定會回到自己身邊。

此外，他們的想法通常是「就連父母都拋棄我了，世界上還有誰會愛我？」、「我是一個沒有人歡迎的存在」、「世間充滿危險與惡意」——心理學家阿德勒將此歸因於未能持續、缺乏可信度的父母教養態度。

無論出於哪一種理由，**「否定自身存在」的人終將對自己與他人之間的感情失去信心**。

總有一天、終究、果然

在熙時常感到焦慮，這種情緒通常來自於對未知威脅的擔憂——這是一種對於不存在事物的假想情感，若能扭轉想像中的負面意象，焦慮便可大幅減輕。當你處於這種狀態時，不妨具體寫出令自己感到茫然的不安，這將會對你有幫助。

- 他總有一天會離開。

- 他似乎不愛我。
- 我終究會孤苦伶仃。
- 就算我表現得再好，人們終究會離開我。
- 我果然不適合活在世界上。
- 我死掉時，終究是一事無成。
- 果然沒有人理解我，也沒有人可憐我。

在熙的筆記裡有幾個反覆出現的詞彙，像是「終究」、「果然」，我告訴她這些詞彙相當令人難受，它們給人一股輕易地放棄了自己迫切渴望的事物的感受，而她則是流下了一直強忍的淚水——這些筆記沒有一句話是真的，全是她認為自己被拋棄的負面想法所塑造的假象。

我接著問她，這些想法通常會在怎樣的情況下出現。在熙說當自己聯絡不到對方時，她就會想著「他終究離開我了」；如果對方面無表情地看著自己，她的腦中便會不斷冒出「他果然不喜歡我」的想法。她在親子關係中受到的傷害，造就了這種不穩定的人際關係公式。

對小孩而言，任何事物都不能取代父母的愛。因此，來自父母的愛一旦遭受剝奪，他們的傷痛自是難以言喻。要是把另一半或朋友視為這般無可取代的對象，必定會逐漸以令人恐懼的執著來約束對方。萬幸的是，我們可以改變公式，將所謂的無可取代換成可以替代。

修復人生檔案的和解練習

練習命名自己的感受

倘若你因為過去的創傷而對感情相當執著，抑或每次戀愛都會受傷，那麼你是時候該檢視一下自己究竟如何定義雙方之間的關係了——假如想法存在誤區，那就必須積極想辦法修正錯誤。

有些人會成為畢生的知己，但有些人不過是過客——我們走在路上時，不是都會和陌生人擦肩而過嗎？倘若每次擦肩而過，你都痛到有如刀割，這樣只會把自己弄得血肉模糊。因此，你必須以更現實、更積極的想法改變自己的關係公式。

在前述的案例中，可以發現在熙的另一個問題是嚴重的情緒起伏：當她感到憂鬱或憤怒時，就會出現極端的反應。

假設我們感受到的情緒強度範圍是零到一百。要是你意識到自己憤怒的情緒強度達到二十至三十之間，此時不應亂丟東西或砸東西，而是要暫停手邊的動作，先行調節情緒，像是深呼吸、伸展筋骨、喝杯冷開水或散個步。多注意自己的感受，練習**將本身的情緒表現適當地轉化成「社會上普遍能接受」的方式**。

這種時候，如果可以養成命名感受的習慣，這將會對你有幫助。「命名感受」亦稱為「情緒標籤」（Affect Labeling），功用是替激昂的情緒踩剎車，誘導大腦右側的背外側前額葉皮質與內側前額葉皮質趨向活躍，使決定情緒的大腦邊緣系統中的杏仁核保持鎮定。

方法很簡單，只要把自己目前的感受貼上標籤，然後標示出對應的情緒強度，數字範圍從零（最弱等級）至一百（最強等級）。當然，你也可以在心中默想，毋須讓別人知道。

- 我現在覺得很生氣，強度達七十。
- 我現在覺得很寂寞，強度大概是五十。

將情緒貼上標籤後，就可以衡量維持這種情緒狀態是否對自己有利，或者停止、緩解情緒才是最有利的——這正是「識別情緒」。從廣義上來說，「識別情緒」指的是事先預測和察覺自己的感受對自身的想法、行為及外界的影響。

如果能確實識別情緒，你就會知道哭鬧、發怒等極端方式無法傳達自己的真心，那些不過是無法傳到對方耳中、只能在洞穴裡打轉的回音。因此，你必須先識別自己的情緒，調整好狀態，讓自己擺脫激烈的情緒，再以對方能夠聽懂的語言表達自己的感受，等待對方的回應。

4 明明做錯事的是他，為什麼是我受傷？

我受到多少傷害，就要給予他人多少傷害

以牙還牙，以眼還眼。有些人總要把自己遭受的痛苦還給他人才能釋懷——新聞報導中時有所聞的報復駕駛就是最具代表性的例子，那些人控制不住怒火，選擇對別人做出攻擊性的舉動。

縱使性格沒有問題，我們偶爾也會忍不住宣洩鬱悶和委屈的情緒，比如感覺自身權益遭到他人侵害時，或者覺得未能正常行使自身權益的時候。但是，這世上卻有人因為太過憤怒，所以想讓對方受到和自己一樣的傷害，或者將其趕出群體，加以孤立。

知名精神醫學教授斯圖亞特・尤多夫斯基（Stuart C. Yudofsky）指

出，動不動就展現出極端憤怒的人通常有三種特質：剝削、憐憫不足、缺乏良知。

①**剝削**：「因為沒有人給我，所以我要搶走它。」

②**憐憫不足**：「我不會給予別人我得不到的東西。」

③**缺乏良知**：「要是我沒有因此受傷，那就不算是傷痛。」

職場適應不良者彆扭的一天

在家裡明明是孝順父母、以身作則的人，但在外人眼中怎麼會是完全相反的評價呢？難道兩者之中只有一個是真面目、另一個則是假的嗎？不，這兩種面貌其實都是同一人。

我在諮商室認識了將近三十歲的夏榮，同事稱呼她是「職場適應不良者」，也就是「對任何事都很敏感，就算沒什麼大不了，也會製造負面風向，引起爭議」的人。

她覺得如果某件事不公平，就要立刻提出抗議，這樣才不會感到難受。在她的認知裡，這種時候本來就該有人站出來說話，同事卻認為她在找麻煩。不知道是不是因為這樣，她不曾在同一個職場待超過六個月。雖然不到三十歲，但她已經做了第三份工作了。

她向我訴苦，說不明白問題點究竟在哪裡，她不過是說出了真的需要改善的地方。況且，同事們一開始都贊同她的意見，卻在她告訴主管後裝作毫不知情，讓她覺得自己遭受所有人的背叛。

讓她火冒三丈的事情大致如下：

- 已經下班的主管打電話向下屬交辦工作。

- 為了根本不急的工作，把說好結束外勤工作就能直接下班的人員叫回公司。
- 老是毫無預警地召開會議或要求加班。

這種事情在大部分的職場都很常見。雖然公司理當阻止這種事發生，但這似乎不是一發生就能提出抗議、要求公司調整人事的情況。

為了確認她的同事是不是和我抱持著相同的想法，我接著這麼問她：

「妳認為那些同事看似贊同卻不一起行動的原因是什麼呢？」

「他們應該是想找條生路吧，因為不能被主管盯上……太卑鄙了。」

夏榮的怒火衝向不跟自己站在同一陣線的同事們，她認為自己成了箭靶，心中滿是委屈。

事實上，與他人議論你在職場中發現的問題並沒有錯。然而，重要的是，你該如何議論這個問題——是否有顧及既有的環境和情況，並且找出適當的程序，以體制的觀點切入。

可惜的是，夏榮無視這一切，只是自顧自地表露情緒，再加上她每次情緒激動時，說話的音量就會變大，語速也會變快——在同事眼中，這個模樣說不定特別有攻擊性和敵對感。

為什麼會生氣呢？

一般來說，表現憤怒的方式大略可分為①宣洩、②壓抑、③調節，而多數人使用的方式是壓抑或宣洩。

人們總是習慣在生氣的當下告訴自己「忍耐一下吧，只要過了就沒事了」、「說了會有什麼改變嗎？忍耐一下吧」、「忍耐一下吧，這樣別人才不會覺得我心胸狹窄」，試圖以這種方式來壓抑自己的怒氣。

但是，如果這個「忍耐一下吧」不止一次，致使你掉進「忍耐一下吧、忍耐一下吧、忍耐一下吧……」的迴圈，抑或怒火變得過於激烈時，你將會跳過忍耐的環節，直接來到宣洩的階段。由此可知，壓抑或宣洩憤怒的人自然比調節憤怒的人還要多。

為了釐清和夏榮一樣都是選擇宣洩憤怒的人（易怒者）的內心想法，我們需要先了解他們看待人際關係的態度。

與他人發生不愉快的事情時，我們會感覺到不安、恥辱、折磨等痛苦的情緒。一般人為了守住自己的自尊，通常會盡力不讓別人發現自己正處於這類負面情緒的狀態，並且裝作毫不在意——倘若表現出沮喪或失望的模樣，稍有不慎就會使自己在彼此的較勁中屈居劣勢，抑或形同承認自己不如對方。

選擇宣洩憤怒的人就不一樣了。與其坦率地表露情緒，不如用更大的聲音與動作表達出強烈的憤怒，以威嚇的方式把所有的問題通通推到對方身上——這可說是一種不願認輸的心態，只要對方愈不知所措，愈覺得自己的憤怒得到了認同。

洋洋自得的心情會讓他們不只對家人如此，也會開始對朋友、同事等其他人做出這類舉動，甚至還會在各種情況下實驗這種做法。簡而言之，他們認定這樣做是可行的，日益相信沒有比這更快、更容易、更確實地獲得肯定且還能壓制他人的方法。

如果非要定義此刻的憤怒，它可以說是心理學家阿諾德・拉扎勒斯（Arnold Lazarus）提過的「對抗『侮辱我和我的一切之攻擊』時，油然而生的憤怒」。

另一方面，有些人的憤怒則來自於心理學家布魯諾・貝特罕（Bruno Bettelheim）所述的「將自己視同加害者」（意同「複製加害者的行為」）——童年受虐的人長大後成為加害者，以憤怒表達童年遭受的暴力、虐待及未平復的創傷。

修復人生檔案的和解練習

當嚴格的規則佔據內心時

前述案例中的夏榮從小就在十分強調社會與道德規範的家庭環境中長大，她的生活中有很多「必須……」或「不能……」的準則，一舉一動皆論及善惡，宛如接受法官的審判。每當她說出自己的意見時，父母就會認為她在找藉口或辯解，讓她感到相當委屈。要是想為自己洗刷冤屈，只會遭受更多的責難，因此，維持和平最好的方式就是順從父母的話。

內心具有嚴格規則的人之所以容易在人際關係中受傷，那是因為他們希望別人能遵守自己的行動準則。假如是既有的法律規範，旁人自然會按照她的說法行事；假如純粹是個人想法，那就另當別論了，因為人們會將她歸類為只會提一些不必要、無理要求的適應障礙者。

既然如此，在家裡表現得千依百順的夏榮，為什麼在進入社會後反而成為職場適應不良者呢？這是因為她是比誰都還要「聽話」的女兒。聽話的子女會在父母面前壓抑自己的情緒，但他們也會有和父母的想法不同、想要表達意見的時候。然而，他們不能發表任何意見，只能任憑憤怒、憂愁、恐懼等情緒持續累積，委屈不已。

因此，每當委屈湧上心頭時，夏榮就會成為比誰都嚴格的檢視者，變得和她的父母一樣，開始論斷別人的善惡。她遵守了如此多的準則，卻看見那些人無視這一切、依然活得很愜意，這個現實令她感到相當憤怒，讓她忍不住想要剝削他人的感受，所謂的憐憫自然也隨之消失。

認為自己在職場與人際關係中遭受委屈的人，總是執著於誰犯的錯更嚴重，想要追究到底是「自己的錯」還是「別人的錯」，以報復加害者。可是，**「尋找加害者」對於撫慰受傷的內心並沒有多大的幫助**——儘管這麼做可以暫時舒緩情緒，卻無法解決問題。所以，這時候應該把心思放在內心真正的訴求上。**你的本意應該是不想再受到傷害，而不是對付別人。**

因此，若要從令人委屈的泥淖脫身、不再獨自背負枷鎖，你必須先坦承自己想要的其實是**共鳴**，而非宣洩怒火。

5 太有本事也是個問題

永遠以自我為中心的人

很多心理學專家都說，人類的心理發展過程中，最重要的就是「自戀」。不過，如果扮演要角的自戀太氾濫，其實會讓人精神異常，或者對他人形成一種暴力。我們在生活中難免會遇到一些以自我為中心、目空一切的人，他們的思維確實異於常人。

「我是特別的人，理應得到特別待遇。」

「我不能忍受別人不尊敬我、不給我特別待遇。」

「竟敢對我說三道四，你算哪根蔥啊？」

「看不出我實力的人，肯定不怎麼樣。」
「要是有人反對、批評我的意見，那他一定是在嫉妒我。」
「就是因為這樣，所以我才會說人要等級相近才能來往。」
「唯有成功的人，才有辦法理解我。」

由此可見，他們的特權意識特別強烈。奉勸各位遇到這種人時，絕對要迴避。假如無論如何都避不開這種目空一切的人，究竟該怎麼辦呢？比方說，父母、配偶、子女、職場同事正是這種人，他們毫無顧忌地帶給你傷害。奇怪的是，身為受害者的你卻成了壞人。

在第一次諮商時，淚水多於對話的四十歲出頭職場媽媽恩智，因為自戀過頭的主管而活得相當痛苦。

恩智在同一家公司工作了十一年，這段期間她不僅結了婚，也成了兩個孩子的母親，可說是在這裡歷盡喜怒哀樂。想當然耳，在職場上怎麼可能永遠幸福、快樂呢？因此，她自認能將自己與公司之間的愛憎關係想像成母親與女兒的關係，而撐過十一年職場生涯的自己已經算得上是職場老手了。不過，現在的她滿腹委屈，幾乎快要喘不過氣，連一天都撐不下去了。下班後，她搭上回家的公車，強忍一整天的淚水就此潰堤。

她起初安慰自己，會出現這種情緒只是因為職場媽媽的生活太辛苦了。接著，她開始否認現實，懷疑是因為自己上了年紀，所以才變得如此感性。不過，到了最後，她發現自己之所以出現這些辛酸、複雜的情緒，其實全是因為新調來的部門主管。

組長剛進入這個團隊時，恩智對她的第一印象是相當專業。雖然兩人同歲，但至今未婚的組長外表散發出幹練的都市魅力，不但和部門職員沒有隔閡，開會時也能充滿魄力。恩智心想，對方應該是一個很豪爽的人。然而，不知是她錯看了，還是組長的演技太好，三個月後，組長完全變了一個人。

每天早上一進公司，恩智就會收到組長的郵件炸彈。乍看之下，只是在提醒她工作上的錯誤，但如果仔細探究，就會發現那些事情完全不成問題。例如，組長會指責她遺漏了幾個會議上說過的負責人姓名，害自己必須花時間重新確認等，不斷對一些小錯誤吹毛求疵。此外，組長還會貶低她的能力，說她在同一個部門工作十一年，提交報告的速度卻比不上工讀生，質疑她能力不足。儘管每個人都清楚恩智和工讀生經手的業務輕重有別，但被放在同一個天秤上公開比較，總是令人覺得屈辱。

有一天，組長針對她和合作緊密的其他部門負責人相處融洽一事，要求她劃清界線：「我認為雙方負責人關係太好，不是一件好事。」又有一天，組長對她說：「妳和那個部門負責人長期共事，和睦相處自是不錯，但別人說不定會對此產生誤會，希望妳能自重。」這般說法倒是讓她成了一個刻意討好其他主管的人。恩智感到冤枉，但組長似乎是看她不順眼，老是故意冷嘲熱諷地牽制她。由於每天都會發生同樣的事情，導致她不得不一直看組長的眼色，根本無法專心工作。

最讓人傷心的是，自己雖然如此痛苦，卻無法毅然離職。每當腦海中閃現「職場終究是要抓住爛繩子才能生存的地方嗎？」的念頭時，就會讓她感到無力。更離譜的是，組長變得愈來愈可怕，不只做出讓恩智感到憤怒、羞愧的詆毀舉動，還把這些在部門內說說就好的小錯誤以副本的方式發給部長、高層主管、相關部門主管等，將恩智塑造成無能之人。

她不想失去平衡，所以試圖自我客體化，從各種不同的觀點思考原因，像是自己的不悅是不是出自於面對有本事的同齡組長時所產生的自卑情結，或者只是因為最近壓力太大，所以才會對雞毛蒜皮的小事太過敏感。然而，她始終找不到說服自己的理由。

先前雖然遇過各種性格的組長，卻不曾像現在這樣痛苦且難受。她很惱怒，自己到底為什麼要為了這種不像話的事情考慮離職。

想把他人踩在腳下的「自戀型人格障礙」

一個人如果喜歡剝削、刁難他人，行為模式與特徵將會趨近於「自戀型人格障礙」。他們沉浸於特權意識，認為自己可以把他人踩在腳下，脅迫對方服從。要是有人不崇拜自己，或者出現比自己更受矚目的人，就會感到煩躁，認為自己遭受無視、自尊心被踐踏。於是，他們會不擇手段地散布惡意謠言、敗壞他人名聲或挑撥離間，使其在朋友圈中被排擠，直到對方深受傷害、身陷困境之後才肯善罷干休。

組長對準恩智的刀尖，可謂與此雷同。舉凡一再挑平時工作報告和假日出勤這類基本事務的毛病、批評瑣碎的錯誤，以及在其他員工之間挑撥離間、威脅職場關係的舉動，皆屬於相同的範疇。

過度自戀的自戀者們為求他人的肯定，往往誇大自己的作為，而且還會貶損自己的眼中釘或讓自己感覺受到威脅的人。假如事情進展不錯，就是「多虧有我」；假如事情不如預期，就是「別人害的」，有問題的永遠不是自己。他們欠缺同理心，絲毫不在意別人受到的壓力與傷害。之所以會如此，那是因為他們沒有拋棄幼兒時期以自我為中心的「偉大的」自我形象（Self-Image）。

年幼的孩子們以為所有的事都能隨心所欲，所以夢想大多是不現實的虛幻想像。不過，這些只顧自己的孩子們會在成長的過程中自然地與他人交流，在學校或社會中體驗適當的失敗與挫折，藉此了解並接受「優越的我」和「劣等的我」是一體兩面的存在。

多數人能透過各種不同的經歷得到平衡的自我概念，但過度自戀的人卻因為無法放棄不現實的優越感，行為舉止就和駕照筆試勉強及格之後就以為自己是賽車手、能抓著方向盤在市中心疾馳的人一樣——儘管身體已經長大成人，仍以公主或王子的身分活在三歲小孩的幻想世界裡。

幾乎沒有人能夠戰勝陷入極度自戀、難以同理他人的自戀者，而且還能不被他們的傲慢舉動所傷。他們不僅讓人感到委屈、憤怒，同時令人迫切地想要報復。與他們正面衝突，固然不會有什麼好結果。話雖如此，我們也不能繼續忍受下去。因此，我們必須使用不同於他們的做法。

修復人生檔案的和解練習

最好的策略是「不回應」

強烈自戀的人有著與生俱來的「空虛」情感，你可以想像那是外表看起來很大、裡面卻空蕩蕩的椪餅，我們能從兩個層面推敲出內心空虛的他們所抱持的真實想法。

①他們在童年受到過度保護，致使他們變得狂妄自大，直到認清自己不完美的現實之後，他們不禁對此感到頹喪：萬一被人揭穿自己不是擁有超能力的超級英雄、一切都只是特效而已，究竟該如何是好？屆時想必會非常尷尬和丟臉。這正是他們對坐立難安的自己感到羞愧的原因。

②假如他們在忽視與虐待中歷盡匱乏與挫折，卻始終不放棄、堅強地活下來，又會有什麼想法呢？當然是覺得自己比誰都可憐，強烈地認為悲慘的自己不能繼續受罪，自然會對成功相當執著。

總而言之，他們想恢復因自卑而受到打擊的「偉大的自我形象」——要是被別人發現自己的傷疤，將會有損自尊心，所以必須成為兇猛的野獸，利用攻擊和剝削他人的方式來保護自己、堅持下去。

如果想戰勝只顧自己的自戀者，我們該做的就是**不回應**。當他們設計好一切、無論我們說什麼都不是答案的時候，這個方法能使我們不因他們而動搖。**為了治癒創傷，我們往往用盡全力理解自己與對方，但有的時候，「保持表面關係的距離、不勉強自己理解」反倒是讓自己不再受傷的治療方式**。

如果不想被深陷特權意識的自戀者當成情緒垃圾桶，請牢記下列注意事項。此外，最有效的方法是承認自己的痛苦，專注在該做的事情上。

★面對他們的要求，不需要以過多的同理心或憐憫照單全收。

★不要因為對方的批評或感情攻勢而動搖。

★最好不要抱持以牙還牙的心態。

★必須分清楚你我。

在前述的案例中，組長總是在公司裡破壞恩智的名聲，試圖斬斷她與他人的關係。反過來想，這表示組長很重視自己在公司裡的名聲，以及別人的肯定。恩智可以反過來利用這點，只要拿出客觀的良好工作表現，和周遭同事保持良好的關係，組長自然對她沒轍。要知道，如果不小心惹惱這種人，只會讓自己的形象受損。因此，恩智只要忍下一時的委屈、憤怒，不因組長而動搖，十一年的歲月就不會背叛她。

6 帶給我最多傷害的竟然是母親

與自戀型父母一起生活時

前面提到了陷入強烈自戀而不斷壓迫、傷害別人的職場主管，萬一那個人是自己的父母，那該怎麼辦呢？假如這種自戀演變成對無助孩童的身心虐待，又該如何是好呢？

我與二十多歲的秀妍進行諮商時，感覺她的心智年齡跟四、五十歲的中年人沒什麼兩樣。她說自己為了躲避母親，暫時住在月租三十萬韓元[3]

3 譯註：折合新台幣約七千多元，但以韓國的基準來說，其實是非常低廉的月租。

的考試院[4]。

秀妍的母親在二十歲時結婚——準確來說，其實是因為懷了秀妍，所以才會急著嫁人。秀妍的母親十一歲時，由於雙親離異，因此被送進育幼院。不知道是否源於此，她非常厭惡貧窮，而且不太信任別人。她渴望成功，對她來說，遭人無視簡直比死還要難受。由於她老是想成為人群中的焦點，所以談話內容多半是自吹自擂。

在秀妍的成長過程中，母親經常責罵她：「要是妳沒出生，我就不會活成這樣了。妳這倒楣的丫頭，踐踏我人生的無恥丫頭！」秀妍的父親因為工作必須時常出差，他回家的那天就是秀妍得以喘口氣的日子——沒有父親的家，完全是母親的天下。

秀妍最早的記憶是，母親在她三歲時，有一天突然鎖住房門，然後隨手抓起衣架或任何東西毫不留情暴打她的樣子。母親打完以後，對嚇得大哭的她說：「如果爸爸回來問妳為什麼會變成這樣，妳就告訴他是妳自己摔倒的，知道了嗎？」由於秀妍害怕再度被打，只好成為母親的傀儡，按照她的要求行動。

不知是否為萬幸，秀妍即使身處痛苦的環境，依然維持良好的成績。原因在於，這是母親在他人面前對她的唯一肯定。可惜的是，她最終沒考上母親盼望的名門大學。相較於沒有考上好大學的挫折感與憂鬱，秀妍更害怕母親會用什麼方式來對付自己，這令她睡也睡不好、吃也吃不下。

縱然已經成年，秀妍依舊承受著身心虐待，活在母親的股掌之間。有一天，她突然想到，只要有一個容得下自己的空間，不管再小，應該都能活得很幸福。於是，她趁母親外出時，在背包裡塞了幾件衣服，果斷逃到考試院。

4 編註：一種「為了讓學生專心準備考試而誕生」的低廉租屋模式，主要提供空間窄小、但價格低廉的住宿環境，由於租金相當低，目前入住客群的學生比重已被大幅超越。

對此，馬上打電話給她的母親則是在電話那頭不停咆哮：「壞女人，沒有我，妳還能做什麼？媽媽為了妳苦了一輩子，妳居然拋棄我？沒了我，妳會好過嗎？等著瞧吧。」

「心理獨立」等同克服傷痛

Somewhere over the rainbow Way up high.

大家只要聽到第一小節，就會知道這是知名電影《綠野仙蹤》（*The Wizard of Oz*）的主題曲〈Over the Rainbow〉——帶領我們走進神祕浪漫未知世界歐茲王國的電影主角桃樂絲，相當備受大眾歡迎。

這部電影於一九三九年首度發行，是一部已經超過八十年的老電影，至今仍膾炙人口，足見其人氣之高。當時飾演桃樂絲的茱蒂・嘉蘭（Judy Garland）雖然深受大眾喜愛，但她的現實生活卻不如電影中那般幸福，

因為她有一個會虐待她的母親。

茱蒂・嘉蘭三歲時便進入演藝圈，她的母親將自己成為演員的夢想直接投射在女兒身上。為了消化無數的行程和減肥，每天餵食年幼的女兒含有毒品成分的安非他命和安眠藥，甚至唆使女兒進行性招待。非但不尊重女兒的獨立人格，還將她視為私有財產任意糟蹋，把她當作滿足自身利益的工具。

從小到大遭受的虐待對茱蒂・嘉蘭的心理發展影響甚大，她反覆著結婚、離婚的迴圈，一生飽受藥物及酒精成癮的煎熬，最終在四十七歲時結束年輕的生命。

讓這位當代頂級巨星、可說是獲得前所未有的愛戴的女性走向悲劇的究竟是什麼？《綠野仙蹤》中有句台詞是「相較於我有多愛誰，更重要的是我受到的喜愛有多少」。若是把這句話換成「相較於我受到的喜愛有多少，更重要的是我有多愛我自己」，說不定能為茱蒂・嘉蘭的人生帶來魔法般的奇蹟。

對於秀妍和茱蒂．嘉蘭來說，**「心理獨立」意味著克服傷痛**。

自戀型父母的小孩難逃相似迴圈

我在心理諮商的過程中，始終對一件事感到很訝異——許多表面上看起來很幸福、具有穩定社會地位的人，其實都曾在父母的忽視和虐待中度過痛苦的成長期。其中最令人心酸的，莫過於在自戀型父母的扶養下長大的人們。

自戀型父母總是一再忽視與虐待子女——這裡說的虐待包含身體與心理上的虐待，就算不是像秀妍的母親那樣使用物理暴力，恣意操縱或強迫子女按照自己的想法行動、將子女視為財產的言行也屬之。

這類父母極度欠缺同理心，一點也不好奇子女想要什麼或有什麼想

法，他們教育子女「不必擁有獨立的想法與意見，唯有聽從父母的指示才是正解」，因此，他們的子女通常沒有自己的情緒或想法，對自己的人生也毫無期望，只能無可奈何地成為一個百依百順的人。

儘管周遭的人都勸他們盡快逃離自戀型父母，遺憾的是與秀妍相同處境的小孩往往有「共依存」（Codependent，依附關係）傾向，很難輕易離開父母。

依附在自戀型父母身邊的子女，通常有著看人眼色、全然迎合他人的共依存傾向，因為早已習慣隱藏和壓抑自己的感受，所以對於痛苦的忍受力自然也很高。對他們來說，如果不是被打得半死，區區瘀青絕對談不上虐待。

由於父母總是代為決定一切（連情緒和想法也不例外），所以當他們察覺自己的真實感受時，往往只會感到自責與畏懼。據此，由自戀型父母帶大的人時常在其他人際關係中（特別是戀愛關係）帶入自己與父母相處的公式，他們很**容易被越界操縱自己的人吸引**，並且再度陷進主從關係的泥淖之中。

我們受傷時，通常會痛得大叫，但由自戀型父母帶大的人根本不敢吭聲，著實令人心疼。

修復人生檔案的和解練習

練習覺察「此時此地」的自我

在前述的案例中，秀妍的心理獨立已透過身體自主實現一半，也就是說，另一半尚未實現。擁有共依存傾向的她一直設法以憐憫的眼光看待母親，但她和母親之間最需要的不是同理心與憐憫，而是**劃清模糊的界線**。

由自戀型父母帶大的人，在成長過程中幾乎不曾自行選擇或決定一件事——情緒、想法、行動，事事都按照父母的規定。因此，如果他們想要獨立，必須先學會自行做出抉擇。

為此，首先，你該做的就是**在「此時此地」感受當下的情緒**。你通常在什麼時候感到幸福、快樂？在什麼情況或環境下感到不開心、生氣？請試著感受「悲傷、憤怒、恐懼、幸福、羞愧」等情緒，並且將其表現出來。此外，你也可以試著制定有時效性的願望清單。簡而言之，就是**先花時間了解自己**。

各位不妨多閱讀文學作品，幫助自己探索自我、提高洞察力，找出書中主角和自己相似的生活處境，重新體驗一次。事實上，這是完形心理治療（Gestalt Therapy）常用的方法，這種心理治療常借文學的力量來了解表面上無法確認的內心世界——因為我們可以透過文學作品發掘與自己有關的主題，深入思考人生的根本問題。

盼各位能閱讀下列的推薦作品，試著去體驗自己和他人從事件中感受到的心理狀態。

想要自我反省、提高生活洞察力時閱讀的文學作品

- 《伊凡・伊里奇之死》，托爾斯泰（Tolstoy）

- 《分成兩半的子爵》、《樹上的男爵》、《不存在的騎士》，伊塔羅・卡爾維諾（Italo Calvino）
- 《老人與海》（*The Old Man and the Sea*），海明威（Hemingway）
- 《契訶夫短篇小說選》（*Chekhov Fiction Anthology*），契訶夫（Chekhov）

想要改善父母與子女的關係時閱讀的文學作品

- 《無欲的悲歌》，彼得・漢德克（Peter Handk）
- 《我們面前的生活》（*The Life Before Us*，暫譯），羅曼・加里（Romain Gary）
- 《沒有豬死掉的一天》（*A Day No Pigs Would Die*，暫譯），羅

伯特・牛頓・佩克（Robert Newton Peck）

- 《在輪下》，赫曼・赫塞（Hermann Hesse）

想要了解自己與他人關係中難以釐清的感情時閱讀的文學作品

- 《我的米海爾》（*My Michael*），艾默思・奧茲（Amos Oz）
- 《宇宙連環圖》，伊塔羅・卡爾維諾
- 《一、沒有、十萬》（*One, No One and One Hundred Thousand*，暫譯），皮藍德羅（Pirandello）
- 《維特根斯坦的侄子》，托馬斯・伯恩哈德（Thomas Bernhard）

閱讀作品時，你可以找一些能夠探索自我情感、需求、知覺、典型思維或行為模式的問題，試著向自己提問。比方說，下列幾個例子可以協助你反思接納自我的方式，以及體會究竟該如何熱愛自己的人生。

假如可以重新出生

- 你想要擁有怎樣的父母？
- 你想要擁有怎樣的命運？（想要擁有什麼能力）
- 你想要擁有怎樣的人生？
- 那和你目前的人生有什麼不同？
- 現在有什麼方法可以讓你過那樣的日子？

7 決心改變情感的記憶

先天氣質與轉變的性格

有些人生來容易焦慮——性格測試時，「風險趨避程度」或「情緒敏感度」偏高的人皆屬於此。據聞，先天氣質無法改變。如果生來容易焦慮，一輩子都會很焦慮，但也不需太過悲觀。

氣質其實不分好壞，舉例來說，風險愛好者容易對股票或不動產投資一頭熱，時而放鞭炮，時而喝悶酒——站在風險趨避者的立場來看，那根本是盲目投資。反觀風險趨避者若想挑戰一件事，他們需要花費很長的時間做準備。對他們來說，重點在於不出錯、不虧損，非得全盤考量後，才能放心著手進行——站在風險愛好者的立場來看，簡直令人難以忍受。

因此，在不同的情況下，本身所具備的氣質可以是優點，也可以是缺點，很難界定哪一個更優秀或更好——假如能夠依照情況與對象妥善運用自己的氣質，那就不會感到自卑了。

養過小孩的父母都知道，當父母看見危險的事物並教導小孩「不要去」、「不能摸」或「很危險」時，有些小孩照樣對父母的告誡置之不理，硬要跑過去摸上一把才甘心。然而，有些小孩不管你怎麼叫、怎麼拉，就是不敢去某些地方——這就是先天氣質。不過，即便如此，聽說小孩的「行為傾向」終究取決於父母或主要照顧者對他們的控制程度。

心理學家理查．戴維森（Richard J. Davidson）曾以一九八五年出生的七十名小孩為研究對象，縱向研究他們經歷新環境與可能帶來壓力的生活經驗後，行為抑制程度究竟會有多少改變。

戴維森藉由額葉的活化程度，對比分析這些小孩在三歲、七歲、九歲時的行為抑制程度有無產生變化。令人訝異的是，孩子們的行為抑制程度早已透過與性格不同的兄弟姊妹、養育者的長期相處，或者父母離婚、罹患癌症（疾病）、死亡事件等因素發生改變。儘管先天氣質沒有改變，但性格與行為傾向也有可能受到環境影響而轉變。

父母帶來的傷害殘留在心中

當我們看到一夜之間發生的事件或事故等相關新聞時，偶爾會出現「我沒事就好」、「我的小孩（家人）沒事就好」等有點自私的念頭——嘴上說著最近的青少年真令人懼怕，卻又帶著憂慮與希望參半的想法，尋思著出現在新聞上的那些青少年應該不是自己的小孩。

事實上，進行父母教育或諮商的過程中，經常有人提到「我的小孩很善良，只是交錯朋友了」、「他在家的時候都很乖，沒有任何問題」、「我們夫妻再忙也一定會顧及孩子，真不知道他還有什麼不滿」——他們通常不看問題的核心，老是以責怪別人的方式逃避責任。他們之所以這麼說，那是因為他們普遍對自己身為父母的身分沒有自信，所以才會出於自責，進而做出防禦的行為。

人從出生到死亡扮演過無數角色，像是子女、學生、上班族、父母、配偶、市民、閒人、宗教人士等。其中，「父母」被選為最困難、最辛苦的角色，而這也意味著這個角色十分重要——特別是**成長階段的小孩**，對他們來說，**父母**是關係著人生光明與否的重要人物。大部分的來談者說到心底的傷痛根源時，都會想到父母——尤其是小時候從父母口中聽到的指責，就算已經過了十幾年，它們依然深深烙印在他們的心中。

我在課外活動遇到了十七歲的明洙，挑選情緒卡片時，他選擇了「委屈」。明洙很不滿父母，因為他們時常吵架，三天兩頭指責對方——看著這樣的他們，明洙感到相當痛苦，不想繼續待在家裡。

高中一年級的寒假，他和三個朋友一起離家出走。終於不用看到父母爭吵的樣子，也不必聽他們罵自己「笨小孩，長大能做什麼？嘖嘖」，這讓明洙感覺自己活了過來。

白天，他和朋友到網咖打遊戲；晚上，就到公園喝酒。過了三天左右，他花光了從家裡帶出來的錢。可是，他不想再回到那個家。一開始，他到便利商店偷東西。後來，他把年紀較輕的學生帶到巷子裡，搶走他們的錢。

明洙覺得很後悔，要是當初沒有離家出走，人生會有所不同嗎？如果自己沒有跟著那些朋友走的話，又會怎麼樣呢？他想了很久很久，最後得到一個結論——這全是因為父母不關心自己。

行為偏差的兒童（青少年）們的共同點，就是**父母的負面教養態度**，這對子女的偏差行為影響甚大，主要有兩點需要特別注意：

①父母對子女是否**關心**

②父母的人生態度是否值得子女**尊敬和信賴**

如果明洙的父母平常會關心他的行為，明洙還會偷東西嗎？他說不定會抱怨父母多管閒事，但不會輕易偷竊。因此，專家們才會異口同聲地表示，**青少年、兒童問題幾乎百分之百與「家庭問題」有關**。

心理韌性的起始地

把逆境、試煉與挫折當作跳板，讓自己能夠跳得更高的心理肌肉[5]被稱為「心理韌性」（Resilience）。一般來說，心理韌性好的人具備壓

5 譯註：直翻，意同「意志力」。

力應對能力，而且能迅速從創傷中復原。心理韌性取決於本人有多積極、是否維持著建立在同理心與支持之上的人際關係，以及有無控制情緒與衝動的自我調節能力、可以自行解決面臨的問題。

夏威夷可愛島（Kauai）以其身為電影《侏儸紀公園》（*Jurassic Park*）的拍攝地點而聞名。一九五〇年代，這座島上住了許多失業者、酒精中毒者、毒品成癮者、罪犯。心理學家艾米・維爾納（Emmy Werner）懷抱著「人為何會犯罪」的疑問，從這座滿是危險因素的島上所誕生的八百名兒童中，選出兩百零一名生活在最惡劣環境的兒童作為研究對象，進行了為期四十年的追蹤調查——她假設「氣質與環境愈不好的兒童，愈有可能成為犯罪者或社會適應不良者」。

然而，這兩百零一名研究對象有七十二名（約百分之三十五的人）出現了出乎意料的狀況，使得研究方向轉為釐清在學校或社會適應良好的他們究竟有什麼共同點。七十二名研究對象的共同點如下：

①在充滿母愛的環境中成長，或者擁有善於交際的先天氣質。

②擁有穩定心理（情緒）的家人，能夠激勵、支持自己。

③除了家人之外，還有當地的老師、親切的鄰居、好朋友作為支持與愛護自己的人或榜樣。

研究結果顯示，**如果身邊擁有一個以上願意相信自己、帶著鼓勵與愛支持自己的人，將能活出意想不到的成功人生**——情緒支持者的存在可以治癒他們的傷疤，為他們指引人生的方向。

修復人生檔案的和解練習

練習覺察情緒和需求

駐留在心中的憤怒、憎恨、不滿等情緒愈強烈，宣洩之後愈能體驗到心曠神怡的感受。此外，正如「濃霧散去後，四周將清晰可見」的道理，此時被情緒淹沒的一切也將一覽無疑。我想，這就是克服傷痛或從創傷中復原的時機。

坦白說，如果沒有隨意往返過去、現在、未來的能力，根本不可能去改變過去對自己造成傷害的事件。但是，**你絕對有辦法改變殘留在記憶中那些不愉快的感覺**。

明洙的離家出走結束於老師發現之後。明洙記得，那天被老師匆匆叫

來的母親像個罪人一樣，一直低頭向老師賠不是——每當他在學校發生大大小小的事時，母親就會這樣。

我讓明洙停留在那個情境，試著推測母親當時的心情——這次明洙挑選情緒卡片時，選擇了「後悔」、「抱歉」、「擔心」、「憤怒」。他小聲地說：「媽媽應該也很難受，因為我常常惹麻煩。」

我告訴明洙，所有他認為自己被漠視、拋棄的情境中，母親其實都有登場。明洙深吸了一口氣，他本來以為父母對自己毫不關心，所以有點訝異、不太相信原來母親一直陪在自己身邊。

人們時常認為自己的感受就是真實的想法，尤其是正值情緒大腦（杏仁核）比理性大腦（額葉）還要活躍的青春期的孩子，他們會更加確信這點。某些時候，「感受」的確能反映自己的想法和無意識的期望，但另一方面，它也有可能反過來妨礙內心真正的需要。

雖然明洙刻意裝腔作勢、做出偏差行為讓父母失望，但他實際想要的其實是父母的關心與支持——我們的內心也是如此。

內心並存著兩種不同的需求時，難免讓我們苦於不知何者為真，從而以莫名其妙的憤怒來表達痛苦。因此，**如果想要看見真正的創傷根源，必須全神貫注於看清藏在情緒背後的需求**——平時如果持續練習覺察自己的情緒和需求，將有助於克服壓力和解決自己與他人之間的矛盾。

舉例來說，你和女朋友約定好周末要一起吃晚餐。可是，她當天突然有急事，說要取消約會。一般人都會感受到「沮喪」的情緒，認為「快樂」的需求遭受打擊，但有些人會感受到「生氣」的情緒，認為「自我尊重」的需求被剝奪。即便大家處在同一種狀況，仍可能因為需求的差異，出現不同的情緒表現。希望透過約會度過愉快時光的人，或許追求的是另一種快樂或下一次的約會，然而，在戀愛關係中視「互相尊重」為重要需求的人，恐怕會因為戀人當天取消約會的行為而感到既失望又憤怒。

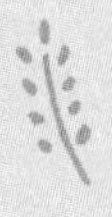

這些需求無論是否得到滿足，都會點燃情緒，迫使我們按照情況採取適應或不適應行為。因此，若你不想因為一時的情緒而衝動行事，平時可多利用下方的表格，好好練習覺察情緒與需求。

覺察情緒

需求得到滿足時	需求沒有得到滿足時			
幸福	悲傷	生氣	恐懼	羞愧
激動	悲慘	憎惡	恐怖	懊惱
刺激	悲痛	絕望	噁心	出醜
飄然	哀慟	怨恨	驚悚	羞恥
欣喜	卑劣	被激怒	陰森	受辱
受到感動	頹喪	委屈	害怕	內疚
歡欣	混亂	萎靡	可怕	抱歉
快樂	後悔	煩躁	不安	卑怯
興奮	憂慮	鬱悶	茫然	畏縮
陶醉	孤獨	不快	焦慮	羞赧
愉悅	苦澀	傷心	直冒冷汗	困惑
滿意	懷念	緊張	擔心	不自在
滿足	難過	心亂	掛念	靦腆
從容	無力	不舒服	驚愕	丟臉
自在	惋惜	上火	緊繃	惶恐

覺察需求

感謝	肯定、稱讚
原諒、寬恕	卓越、嫻熟
自我調節	名譽
親切	溝通
幽默	熱情、挑戰
信賴	積極面
責任感	創意
歸屬感	自我表達
休息	好奇心
勤勉、務實	自律
勇氣	成就、成長
正義感	愛憎表現
可預測性	同心協力
領袖氣質	目標
靈活性	開放的心胸
奉獻、犧牲	忠誠

覺察需求

一貫性	學習、求知慾
人身自由	捐獻、志願服務
愛	自我尊重
親密感	和平、平靜
真實感	整潔
體諒、謙遜	鼓勵、慰勞
謹慎	

第三章

致獨自壓抑的心

大眾普遍認為，
配偶或子女的死亡是令人茫然失措的失去，
離婚、道別、寵物的死亡則是比較輕微的失去，
但對於個人來說，失去的一切同等重要。

1

擔心別人眼中的自己很奇怪

追求完美主義將帶來傷害

人類生來就活在相互依賴的關係當中，所以，他人的肯定與稱讚總是美好的。當他人不認同自己時，不只會感到失望，偶爾還會帶來巨大的挫折感。

然而，**如果你把人生的所有價值建立在「別人是否肯定自己」，無異於選擇走向不幸。**

我的小孩喜歡畫畫，連我這個刺蝟媽媽都覺得他的實力不錯，很高興他有了一個可以保持興趣的嗜好。

但是，不知從什麼時候開始，我發現樂在畫畫的程度堪比玩玩具的他開始比較自己與其他小孩的繪畫作品，而且對補習班老師每一次的回饋相當敏感，甚至為此傷心。

我們夫妻倆並不期望小孩能畫出多完美、厲害的作品，但他卻用嚴格的標準來要求自己，還對自己感到失望。

在一個十一歲小孩的成長過程中，渴望畫得更好是很正常的行為。不過，要是過度追求完美，那就另當別論了。畢竟，完美主義可能帶來自卑感與羞愧感，進而引發心理疾病。

完美主義者做什麼都要求完美，哪怕是一點點不足，他們也會覺得自己無能，任由自我否定的想法攻擊內心，造成傷害——羞愧感隨時都有可能變成加害者，帶給我們傷害。

夢想的自己與現實的自己

每個人都無意間活在各種評價標準之中。不管你是否願意，世界皆以各種標準來衡量你是不是一個不錯的人。假如不合乎標準，說不定就得承受令人不安的羞愧感，如同保守著不能說的祕密。

我的父母是務農的人。直到我成年為止，他們都是從事農業工作。正如尹奉吉（Yoon Bong Gil）醫生所說，至今還有多少人認為農業是生命倉庫呢？多數現代人不僅不將農業視為職業，甚至輕蔑這份工作，覺得這是功課不好的人才做的粗活、就算沒有特殊技術也能辦到的小事。老實說，青少年時期的我，同樣不曾對父母的職業感到驕傲。

在學期間，我的身高排名從來沒有超出倒數十名。我很羨慕那些個子高的同學，對自己極其不滿意，老是和因為圓滾滾體型而被嘲笑的朋友爭論對方的處境比自己好。

貧窮從我身上奪走了許多東西。儘管貧窮不可恥，但它也沒有給我太多人生機會。或許是因為我的生活仍與富裕相距甚遠，所以站在象徵財富的場所時，往往令我感到彆扭。

我畢業於地方[6]大學。我在首爾工作時，「地方大學是地雜大（位於地方的差勁大學）」的說法時有所聞。我也看過很多人的工作能力明明不比別人差，卻因為地方大學的出身，致使他們無法升遷。當別人問我從哪一所學校畢業時，總會讓我不自覺地感到驚慌失措。

我在客服中心工作了五年，期間擔任過諮詢人員和中階主管。當年我很喜歡與人互動，覺得協助他人解決問題是很有魅力的工作，所以主動應徵這份職務。然而，看在他人眼裡，這是一個誰都可以勝任的工作，因此獲得的評價並不高——這點不禁讓我感到難受，漸漸地也開始不再對這份

6 譯註：韓國人普遍將首都圈（首爾市與京畿道）以外的城市稱為「地方」。

工作感到自豪。

我們深知居住的房子和社區、通勤的車輛、吃的食物、穿的衣服、手上拿的包包等物質，有的時候會成為心靈自由的掠奪者，甚至還會腐蝕我們的靈魂——我們心中的對照組及現實的生理、經濟、社會差異令人陷入「羞愧感」的情緒當中，從而拚命掙扎，只求不被排除在外。

儘管如此，依然有人和過去的我一樣，試圖把名為「完美」的包裝當作支援自己的盾牌，渾然不覺自己早已無法擺脫羞愧感，也不知道那樣做會帶給內心極大的傷害。

修復人生檔案的和解練習

練習發掘自我的改寫

情緒心理學（Psychology Of Emotion）將害怕別人眼中的自己不好或低人一等的恐懼稱為「羞愧感」，而擔心別人發現、表現得戰戰兢兢的行為則稱為「羞愧焦慮」。

其實很少有人會把恐懼或羞愧感視為好的情緒，它們甚至可說是沒有必要經歷的情緒。因此，假如你想要擺脫這種討厭的情緒，**必須先釐清使你產生羞愧焦慮的來源是什麼**。比方說，在你擁有的東西當中，不太能得到他人認同，甚或招致負面評價的事物。或者，自認做得不好、不值得驕傲的事情。範圍其實相當廣泛，小則持有物品，大則代表自我存在的人生議題。

明明沒有錢，卻裝作有錢人；明明不專業，卻裝作專家；明明沒去過，卻說得好似曾身歷其境。這種欺騙他人的不光采行為，讓人私下感到羞愧。於是，人們為了隱瞞真相，選擇以更大的謊言來放大問題，或者讓整件事看起來很完美。雖然相較於說謊犯罪，這的確是更好的方法，但完美終究不是消除焦慮的最佳良方。不幸的是，面臨這個難題時，我也選擇了完美。

我放棄了休假，自認與家人共度時光、貪睡晚起、和朋友見面是一種奢侈。我起了貪念，渴望得到那些得不到的東西。然而，不管我再怎麼努力，都是徒勞無功，無法做到盡善盡美。我忙得不可開交，卻始終不能滿足。我以為只要變得完美，就能走下充滿羞愧的台階。可是，看似再向前跨一步就能到底的階梯卻始終沒有盡頭。結果，我的身體先出事了，得知自己血液檢驗報告異常的那一刻，我陷入恐懼，生怕自己在走不到盡頭的階梯上結束人生。此時，我終於停下腳步。

當時，「**改寫**」讓我受益良多。改寫是運用文學進行諮商治療的方法之一，做法是「保留詩的型態，將部分內容換成自己的故事」。你可以透過這個方法來思考未曾有過的感受、想法、需求，偶爾也能看見不想表露的內在創傷，請抽空安慰自己、試著為自己打氣。

更何況，你改寫的是名作詩句，不管怎麼改寫，完成度都會很高，心情當然也會跟著變好，而且還會感覺自己完成了一首詩，在提高自尊感的效益上相當不錯。進行改寫時，其實選什麼詩句都無妨，但我想建議各位，最好**選些名家的好詩**。

在改寫的過程中，我最常引用的是一九九六年諾貝爾文學獎得主波蘭詩人維斯瓦娃・辛波絲卡（Wis awa Szymborska）的作品，例如〈選擇的可能性〉、〈小星星底下〉、〈十幾歲的少女〉（皆暫譯）等。另外，卡爾・克羅洛夫（Karl Krolow）的〈過了太久——致弗里茨・烏辛格〉（暫譯）或徐廷柱（Seo Jeong Ju）的〈鞋子〉也不錯。

改寫辛波絲卡的〈選擇的可能性〉時，我發現了從前不知道的自己。老實說，我曾經以為自己是一個熱愛挑戰的人，卻發現自己相較於親身實踐，其實更偏好關注別人的挑戰。而且，我意識到自己是一個比起前進、更喜歡停下腳步的人，喜歡慢慢來更甚於講求迅速，全然是個反潮流的復古人物。

下列詩句摘錄於我按照自己的方式進行改寫的〈選擇的可能性〉。

〈選擇的可能性〉（孫廷沇，改寫）

我更喜歡美式咖啡。
我更喜歡新綠的季節。
我更喜歡面對陽光。
我更喜歡中提琴和大提琴帶來的感官刺激。

我更喜歡坐在咖啡廳的窗邊，觀察銀色河流流淌。
我更喜歡聽著音樂獨自開在外環道路上。
比起雨中散步，我更喜歡無止盡地欣賞下雨的風景。
比起深吻，我更喜歡簡單的輕吻。
比起井井有條的日記本，我更喜歡把計畫寫在桌曆的空白處。
我更喜歡宮崎駿呈現的色彩世界。
比起紙本存摺，我更喜歡把硬幣存在動物外型的存錢筒。
談戀愛時，我更喜歡不會算計的人。
比起爬上高山，我更喜歡以穩定的速度走在森林小徑。
比起相信眼前所見的人，我更喜歡不斷發掘被掩蓋的事實的人。
比起忙碌奔走時感受到的活躍能量，我更喜歡停下腳步時充斥於周遭的寂靜力量。

改寫這首詩後，我不曾在日常生活中停止「我更喜歡……」的念頭。藉此，我得以再次整理每個選擇的可能性——透過再簡單不過的選擇，定義自己喜歡的事物，看見不假修飾的「自己」。

這是一個非常驚人的經驗，在那之後，我經常將這個方法推薦給對「自己究竟喜歡什麼、自己是怎樣的人」感到苦惱的來談者，請他們試著練習改寫。

如果想要獨力挑戰改寫，不妨按照下列順序試試看。

首先，選擇一首前面曾推薦過的詩或平常自己喜歡的詩。接著，將其中一段內容換成自己的故事。改寫之後，請仔細閱讀成品，然後將內容分享給平時滿了解自己的人。聽聽看，他在詩句中發現了怎樣的我。聊一聊，你們在改寫與分享的過程中有什麼新發現。

拋棄帶給自己傷害的我

客體關係治療師溫尼考特（Winicott）將自我的概念分為「真我」與「假我」。假如自己「天生的潛力」名為真我，那麼「否定這點，並且將焦點放在他人的需求上」的行動便是假我——假我指的是「假裝……」的自己。

想要從羞愧焦慮帶來的傷害中復原，勢必得先肯定自己的真我。倘若沒有特殊契機，一般人通常對自己有極為錯誤的認知。如果不了解自己，你將別無選擇，只能在排除真我的情況下用假我過生活。

假如你到目前為止，為了隱藏看起來比別人更差、好像沒有達成標準的劣等自我（羞愧感），一直假裝自己是完美的人，唯恐自己哪天會被揭發（焦慮），那你就是一個不斷傷害自己的加害者——要是不想繼續受到傷害，你必須練習放下假我。

「**放下**」是一種處方，專門開給內心充滿自卑、帶著包袱過活的人。然而，這並不是容易入口的藥。等到你氣喘吁吁、幾乎快喘不過氣時，你才會明白什麼是放下。神奇的是，此刻的你會感到滿足。

正如托爾斯泰的小說《伊凡·伊里奇之死》中所述，伊凡·伊里奇在臨死之前，經由握著他的手哭泣的兒子所流下的眼淚，找到了他窮極一生找不到的重要答案——**只有正確認識自己，才有可能經歷放下**。

我們的一生中，有出生、成年、結婚、死亡等重要階段。我們不能改變順序，也不能選擇順序，那就好比「跪在地上也要承擔沉重包袱的駱駝變成獅子，再轉變成小孩」的人類精神三階段[7]，內心的創傷亦是如此。所以，請記住，不要太努力了。

2 老是負面思考的原因

話語帶來的傷害

有些人覺得精神上的虐待沒什麼大不了、只要不是身體虐待就好，殊不知**精神虐待所造成的傷害其實和身體虐待同樣嚴重**。

不以為然地咒罵小孩「笨蛋」、「白癡」、「神經病」、「瘋子」的父母，凡事都把小孩拿來跟其他兄弟姊妹、同學或親戚比較的父母，容易因為小事而激動發火的父母，追求完美、對子女的一切（情感，甚至是行

7 編註：此為德國哲學家尼采（Friedrich Wilhelm Nietzsche）所提出的「精神三變」（drei Verwandlungen）概念，主要以三種生物（駱駝、獅子、小孩）來比喻人類精神的三個階段。

為）緊迫盯人的父母，全都是精神虐待者。

「你到底會什麼啊？」

「你不覺得你那愚蠢的想法很丟臉嗎？」

「你這樣做能成功嗎？」

「我還是第一次看到這麼笨的小孩。」

「你只要照媽媽說的話去做就對了。」

「要是你沒有出生，我的人生就不會這麼悲慘了。光是看到你，我就覺得噁心想吐。」

不得不說，話語帶來的傷害更痛。

童年時期如果不斷經歷這種精神虐待，我們極有可能會認為自己是個滿身缺點、一無是處的人。根據自我心理學（Ego Psychology）大師海因

茨・寇哈特（Heinz Kohut）的說法，對幼齡兒童而言，父母如同一面鏡子——父母應該透過適當的反應，讓子女了解自己是怎樣的人、喜歡或擅長什麼、是否有資格被愛。

然而，身為精神虐待者的父母不但無法成為子女的明鏡，還會帶給他們終生的心理創傷——這種負面信念要是變得根深蒂固，將會破壞本身的人際關係，嚴重時甚至會成為人格缺陷的起因。

所以，絕對不能等閒視之。

感覺人們老是在批評我

目前四十多歲、很難跟別人打成一片的容植非常害怕和別人四目交接。他總覺得自己與他人對視時，批評的箭頭就會無情地射向自己。

下班或周末時，除了幾個從小就很親近的故鄉朋友之外，沒有人會和他一起喝酒。不過，他其實不排斥與人相處，反倒十分渴望和喜歡得到別人的肯定與稱讚。

然而，身邊批評與無視他的人卻多過肯定他的人，而父親一直都是記憶中的核心人物。小時候的容植最常從父親口中聽到的就是指責與威嚇，像是「男子漢大丈夫，你這麼拖拖拉拉，能有什麼出息？」、「你是笨蛋嗎？還是啞巴？話不能說清楚嗎？」。因此，每當他站在父親面前時，往往會無緣無故感到緊張和畏懼。

成長過程中從來沒有機會發表自身意見的容植，工作時最不能適應的就是會議時間。組長時常要求大家自由表達意見，但容植每次都像犯人一樣把頭深深垂下，絕對不會抬起頭。

儘管他知道這種欠缺自信的表現可能影響人事考核成績，但他別無他法。原因在於，他覺得這比說出自己的愚蠢想法後出糗、遭人取笑還要好上許多。

起先，容植曾經試著在會議中提出自己的意見，但組長當下只回了一句「嗯～可是導入那個的話，誘因好像遠低於成本耶。大家有其他意見嗎？」，就此無視他的發言。容植頓時感受到強烈的羞愧感，覺得自己在同事面前丟盡顏面，逃離不了多年來「我果然很沒用」的想法。

明明沒有什麼，卻變成創傷的理由

我們周遭有很多像容植一樣，因為害怕得到負面評價，無時無刻不處於緊張狀態的迴避型人格者。

鑒於別人可能拒絕自己的不安情緒，所以他們對外說著自己適應不良，試圖逃避社交場合。他們的想法消極，總是先入為主地認定別人會批評自己愚蠢，或者因為自己的魅力不足而遭到大家討厭。明明有人表現出好感和正向回應，卻都不放在心上，只記得那些不太積極的回應，甚至會誇大解釋。此外，他們在解釋他人的反應時常有錯誤的認知，例如以二分法的方式思考、過度放大或貶低原意，抑或只將注意力放在負面的訊息上。因此，當他人提出有建設性的批評或合理的回饋意見時，他們什麼也聽不進去，只覺得那是對自己的無視與批評。

假如你因為他人的言行受到傷害，與其裝作若無其事、努力抑制不安的情緒，此刻更該做的其實是承認「我現在很焦慮」。

由於支配迴避型人格者的是焦慮感，所以你必須訓練自己說出感受，或是留點時間讓自己放鬆身心，才能讓自己變得更加自在。其次，請檢視造成傷害的原委，設法改變對他人評價的消極思考模式，接受「自己的想法不一定是真相」的事實，確認自己是否有認知偏誤，然後加以修正。此時，正念將會對你有所幫助。

修復人生檔案的和解練習

改變造成傷害的思考模式

最近在壓力管理和心理治療層面皆備受矚目的「正念」，強調我們應按照實際情況接受自己的感覺、情緒與想法，拋卻評判、判斷與批評的觀點，僅需「觀察從感官感受到的事實」。

舉例來說，當你在對話過程中看到對方皺眉，便因此認定對方皺眉是因為對自己不滿，那就等同於你以自己的視角進行判斷，而非如實表現對方的行動。

之所以如此，那是因為你沒有正念——只看對方皺眉的事實，才是正念的態度。你的確有可能因為別人不滿自己的言行而變得憂鬱，但如果你接收到的訊息只是對方皺眉，沒有理由因此受到傷害。

對他人評價相當敏感的迴避型人格者非常需要這種「只論事實」的正念。要是你發現自己正抱持著否定的態度，那你此時該做的就是找出無意間所做的「自動思考」、相信它絕對是事實的「錯誤認知」，並且重新審視隱藏其中的「負面信念」。

- 「對方皺眉是因為對自己不滿吧。」→自動思考
- 「那個人一定討厭我。」→錯誤認知／以偏概全
- 「我被大家討厭了。」→負面信念

「自動思考」和「錯誤認知」很有可能導致「沒有加害者」的受害情況發生。如果當時只有你們兩個人在對話，你不妨做以下推測：對方有可

能是因為嘴巴或身體出現痛症，或者隔壁桌的聊天音量太大，所以才會皺眉頭。更何況，明明沒有對你不滿或討厭你，你卻誤會他的意思，說不定他也覺得很委屈——所謂的「創傷的來源出現矛盾」正是如此。

不過神奇的是，無論對象是誰，慣於受傷的人都會樂於「寫個曲解的故事」，讓自己的想法成真——這是務必革除的習慣。

假如你在人際關係中感到疏離與恐懼，希望你能好好觀察這些想法是否基於現實和真相。

以下是在生活與人際關係中會帶來悲觀想法、造成自我傷害的六種代表性錯誤認知。請各位仔細確認一下，看看其中是否有自己習以為常的思考模式。

錯誤認知		內容
1	非黑即白（絕對思考）	僅在兩極（好壞、成敗、完美或漏洞百出、對錯）之間判斷某種情況、不承認中間值的二分法思維。由於這種思考方式缺乏彈性，難以想出各種備案，所以會降低解決問題的能力，加劇人際關係的矛盾。
2	選擇性抽象化	即使你稱讚他一百件做得很好的事，他也會因為唯一一項較負面的反饋意見受到傷害，這源自於他選擇以部分訊息、而非整體訊息來判斷整體情況——這種思考方式主要出現在自尊感低落的人身上。
3	以偏概全	僅透過一、兩次的經驗就下結論，而且還會不合邏輯地把同一個結論套用在毫無相關的其他情況上。例如：升遷落選後，自認是一無是處的無能之人。
4	任意推論	缺乏證據支持某個結論或已有充分的反面證據時，仍然妄下結論。例如：回覆的訊息延遲時，便推論對方無視自己或刻意迴避，直接歸結別人的想法和行動。這種思考方式可能會讓雙方的關係出現誤會和矛盾。
5	個人化	將與自己無關的事件進行錯誤的解釋。例如：認為是因為自己就業失敗，才導致母親發生交通事故。這種思考方式等同於「自己傷害自己」。
6	誇大與貶低	高估或低估事件的意義和重要性。例如：因貧血而頭暈的人心裡想著「我會暈倒、失去意識，然後死掉」。

一旦發現自己慣性使用的「錯誤認知」，接下來你該做的就是專心收集證據，反駁這種謬論。比方說，察覺「看到別人皺眉，便認為對方討厭自己」的想法是「以偏概全」的錯誤認知之後，接下來你該做的就是收集對方不討厭自己的證據，並且對此加以反駁。

- 證據一：當我約他見面時，他從來不會猶豫。
- 證據二：幾天前，他送我咖啡提貨券。
- 證據三：對話時，他總是點頭回應。
- 證據四：這是他第一次皺眉頭。
- 證據五：他時常主動聯繫我。

找到反駁錯誤認知的證據後，你將能爬出威脅人際關係的錯覺泥淖。

3 這真的是理所當然的嗎？

導致離婚的早餐爭論

有一對相處時間愈久、關係愈矛盾的夫妻。先生對妻子只有一個要求，那就是準備早餐，而妻子說午餐、晚餐都沒問題，可是她早上就是爬不起來，所以無法準備早餐。不得不說，他們真的是一對因為吃飯問題而離婚的夫妻。

從先生的立場來看，煮一頓飯又不難，為什麼妻子堅持不肯呢？這不禁讓他覺得遭受背叛；從妻子的立場來看，少吃一頓飯並不是什麼大不了的事，怎麼會比夫妻關係更重要呢？這點激起了她的憤怒；從第三者的立場來看，這或許是床頭吵床尾和的常見小糾紛，偏偏雙方各執己見，不願

在彼此相異的需求上讓步，難以解決問題。

先生的想法是「好老婆應該懂得為伴侶犧牲」、「夫妻的分工應該是男生賺錢、女生持家」，妻子的想法是「好老公不該要求老婆犧牲、順從」、「夫妻之間是對等關係，個人自由必須永遠放在第一順位」。雙方想法不一致，相處時當然老是有摩擦。

先生：「妳本來就該準備早餐啊。」

妻子：「除了早餐，你其他的要求我都有做到啊。我問你，早餐到底有多重要？」

先生：「我覺得很重要啊！我都沒有休息，一直拚命工作賺錢耶。妳在家隨時可以休息，做個早餐也是理所當然的吧。」

妻子：「理所當然？你以為我在家很閒嗎？我很累，沒辦法爬起來做早餐。」

先生：「我結婚就是為了早餐。早餐對我來說就是這麼重要。」

妻子：「這樣的話，我們還是離婚吧。我可以答應離婚，就是不答應做早餐。」

先生感到相當挫折，對妻子流露出極大的失望與憤怒。兩人都不願意讓步。

帶給自己與他人傷害的事件中，最要不得的正是「一定要……才行」的絕對完美主義命令方式——這種缺乏柔性的表達方式容易在人際關係中造成矛盾，導致雙方互相傷害。

遇到這種情況時，最好觀察一下自己究竟是如何看待既有的情況或事件，才會因此感到不悅。

先生

- 事件：妻子強烈拒絕準備早餐。
- 想法：好伴侶應懂得犧牲與體諒。
- 情緒：失望、憤怒／八十分（零～一百分）

妻子

- 事件：先生強烈要求準備早餐。
- 想法：夫妻理當是對等關係，不能強迫對方做任何事。
- 情緒：煩躁、憤怒／八十分（零～一百分）

「一定要這樣做才行」的絕對理論

理情行為治療法（Rational Emotive Behavior Therapy）創始者亞伯・艾里斯（Albert Ellis）指出，造成人類心理適應不良與障礙的要素是「對自己、他人、世界存有不容置疑的非理性思維」。

① **賦予自己過度的期待與要求**。像是「我的工作表現一定要很出色才行」、「我一定要時時獲得別人的肯定與稱讚才行」。誰都有可能失誤或失敗，但有些人不容許自己犯錯。如果無法滿足自己的要求，就會對自己感到失望、難過，進而演變成自我批判和自我厭惡。

② **對他人提出過度的期待與要求**。像是「如果你喜歡我，一定要理解我才行」、「如果是真朋友，你一定要隨時和我站在同一陣線

才行」。假如他人做不到，不僅會出現失望、挫折、被背叛等情緒創傷，還會對他人產生憤怒與敵意等攻擊情緒。

③**對自己生活的社會帶有不切實際的過度期待**。像是「我們生活的世界一定要公平、公正才行」、「這世界一定要按照我的想法發展、回報我的所有努力」。當信念遭受破壞時，便會對世界感到憤怒、懼怕、沮喪與無助，覺得相當痛苦。

「一定要……才行」是不切實際的要求與期待。人生在世，不可能總是如願以償，而這點倒是成了人們再度產生負面情緒與行動的原因。最終，適應不良的人與他人關係決裂，在彼此之間留下深刻的傷疤。

折磨自己的「非理性信念」

我有一位朋友經常這麼說：「人永遠不會改變。」因此，他從不輕信他人。他說，人不會在一生中有所改變，因此，一開始就要挑選完美的人作為來往對象。這個說法縱然聽起來很有道理，實際上卻不可行。

我的信念是「正義是存在的，總有一天那些人必遭受歷史的審判」。或許正是因為如此，所以看新聞時我總是很憤怒——在許多情況下，犯罪者並未得到應有的判決。

我們在不知不覺中各擁信念，其中有些是理性的，有些則與我和朋友的信念一樣，表面上看似有理，實則缺乏理性。

我們之所以必須特別留意，那是因為當我們全心全意追求這些不合理的信念時，很有可能會以負面觀點誇大或曲解日常生活中發生的某些事件或情況。

如此一來，我們便難以指望自己的人際關係能多有彈性——由於這些非理性信念，我們會經歷焦慮、憂鬱、恐懼、憤怒等負面情緒，輕易做出令自己受苦的自我破壞或自我挫敗行為。

這麼說來，究竟哪些信念屬於非理性的範疇呢？亞伯・艾里斯以「好想法」的名義，提出他在人們身上發現的十三種「非理性信念」。

1 所有重要的人都喜歡、肯定、理解我的時候，我才是一個有價值的人。
2 惡劣、邪惡的人必須受到指責和懲罰。
3 「事與願違」是一件可怕至極的事情。
4 必須隨時考慮到可能發生危險或令人害怕的事情。

5 人必須具備完美的能力、獲得成功，才有其價值。

6 只要是人的問題，勢必有解決之道。找不到解決之道時，實在令人懼怕。

7 凡事講求公平，正義必然得勝。

8 我應該永遠自在、沒有痛苦。

9 我可能快要發瘋了，但我不能那樣，因為那令人難以承受。

10 與其牴觸人生的障礙，倒不如閃躲它。

11 我們不得不依賴他人，所以必須找一個值得依賴的強者才行。

12 幸福取決於外在事件，這並非我們能夠自行控制的事情。

13 過去發生在我身上的事件決定了我現在的行動。

出處：朴載宇（Park Jae Woo），《恢復》（暫譯）

這些信念乍看之下很有道理、沒有什麼問題，然而，當你想到必須單憑一己之力守護這些信念時，將會感到喘不過氣——由於不能接受一絲一毫的失誤或失敗，你不得不隨時保持警覺，活在競爭之下，好讓自己變得比別人完美。

另外，即使你要求別人按照這種信念過活，問題也只會愈來愈嚴重，因為幾乎沒有人可以忍受自己的要求不被滿足。在這種情況下，勢必會提高對自己感到憤怒或敵視他人的機率。

修復人生檔案的和解練習

令人痛苦的不是事件本身，而是自己對事件的看法

如果存在傷害我們的情況，應該先確認自己對哪些層面抱持著非理性信念。想要做到這點，我們必須反問自己是否真的沒有其他備案，設法讓思考變得更有彈性。然後，承認這段過程中發現的非理性信念。

正如前面的案例所述，先生的想法是好伴侶應懂得犧牲與體諒。既然如此，他應該回想一下，妻子在這段期間為他做了哪些犧牲，包括做家事、照顧子女和雙方長輩等。若妻子不準備早餐，是否有足夠的依據能夠證實其他的努力都是一文不值？

妻子的想法是夫妻理當是對等關係，不能強迫對方做任何事。既然如

此，她應該和家人共同檢視彼此的序位與標準，例如：當情況攸關性命安危時，是否也不能強制對方行動？

除此之外，先生與妻子也可以利用下列的問題來檢視自己的想法。

★**這個想法的現實依據是什麼？**

↓試想一下，自己的想法是否理性、其他人是否認同。

★**我的想法有用處嗎？**

↓在前面的案例中，先生和妻子真正渴望的並不是離婚。既然如此，他們必須坦白回答，自己的堅持究竟是在改善雙方關係，還是在妨礙家庭的共同目標。

★ **我的結論是唯一的答案嗎？**

↓ 試著站在別人（毫無關聯的第三人）的角度，思考你會怎麼看待這種情況。假如你的好朋友向你傾訴這個煩惱，你會不會叫他離婚？

古希臘哲學家愛比克泰德（Epictetus）曾說過一句名言：「令人痛苦的不是事件本身，而是自己對事件的看法。」如果你因為某個事件而痛苦度日，希望你能檢視一下自己的思考模式是否存在著框架。

4 當內心充滿莫名其妙的焦慮時

以焦慮的眼光看待世界時

我喜歡閱讀繪本。起初，我讀繪本是為了唸內容給小孩聽，但不知道從什麼時候開始，我閱讀繪本的次數變得比小孩更加頻繁。

《咚咚與我》（暫譯）是其中一本我很喜歡的繪本，登場人物是一個小女孩和外表像巨大白色毛球的咚咚。咚咚和小女孩一起出生，當時他長得非常迷你可愛。然而，每當小女孩到達一個陌生的地方或遇到陌生的人，咚咚就會開始變大。不知不覺中，他已經大到擋住小女孩的出路了。

書中的咚咚是由藏在每個人心裡的不安、擔憂、恐懼打造而成的無形怪物，也就是所謂的「情緒遺毒」。

「如果我在初次見面的人面前出錯，那該怎麼辦？」
「如果大家取笑我或批評我，那該怎麼辦？」
「我對那裡很陌生，可能會搞不清楚狀況或發生可笑的事。」
「他們的關係都很親近，要是我一個人孤零零地站在那裡的話……」

當你產生這類情緒、開始以焦慮的眼光看待世界時，每件事都會顯得很不自在，但世界上哪有不焦慮的人呢？上班族、主婦、學生就算每天過著相同的生活，仍舊要經歷不同於前一天的焦慮，例如：擔心等一下不知道會發生什麼事情、擔心自己沒有能力解決突如其來的可怕事件……

由於這些焦慮沒有準確的形式，所以更令人不悅和痛苦。而且，我們之間肯定有人對這種焦慮有更大、更強烈的感受——尤其是那些藏著未癒合創傷過活的人們。

「沒事、沒事。」

直到傍晚，爸爸與媽媽（因為敘事的來談者直呼父母為爸媽，所以故事直接引用他的說法）終於在離婚文件上簽字。成勳在諮商過程中，習慣說著：「嗯～沒事。」他是真的沒事嗎？我覺得他看起來一點都不像沒事的樣子。

從他很小的時候開始，待在爸爸身邊的女人就不是媽媽。等到他知道「出軌」、「情婦」代表什麼時，爸爸甚至厚臉皮地把她們帶回家。對爸爸來說，媽媽是否在家根本無關緊要，而且因為爸爸的女人們，家裡的每個角落都瀰漫著不快樂的氣息。

大人起衝突時，成勳能做的只有安撫自己、告訴自己沒事，然後適度隱瞞弟弟。他心想，只要媽媽沒有走上絕路，怎樣都沒關係。

如今，成勳已經長大成人，即將踏入婚姻。然而，沉浸於幸福的同時，他也感受到強烈的不安。自己真的能夠順利結婚、生下子女、好好打造一個平凡的家庭嗎？每當這種情緒特別強烈時，成勳就會在心裡默念「我絕對不會像爸爸那樣生活」或「沒事的」，想辦法讓自己平靜下來。

我告訴邊說邊嘆氣、不斷反覆說著沒事的成勳，他在十分鐘內已經說了好幾次沒事，而且老是在嘆氣。他完全沒有意識到自己有這樣的舉動。

壓抑傷痛的「壓制」防衛機制

成勳長期以來使用的「壓制」是將難以接受的原始需求或不愉快的情緒壓抑至潛意識，將其排除在意識之外的防衛機制——這有可能就是他不安的來源。他反覆經歷了父母的外遇、暴力、自殺意圖到離婚等複合心理創傷，卻總是束手無策，不得不壓抑一切。他相信，只要心裡想著沒事，一切都會好轉。

他哭了很久，我跟他說可以試著大聲發洩出來，他卻做不到。他想起了爸爸，在腦海中殺死爸爸好幾次。他還想像自己找上那些搶走媽媽位置的女人們，狠狠痛罵她們，把垃圾往她們身上丟。雖然媽媽很可憐，但他不能理解她為什麼不在爸爸第一次出軌的時候好好設法解決、阻止問題惡化。即便這些想法接二連三地折磨成勳，他最終都會責怪自己不該有這麼可怕的念頭，畢竟再差還是自己的父母。

事實上，成勳對父母和自己所產生的情緒與想法在經常受傷的人身上很常見。他們如果說出過去壓抑的憤怒、自責與悲傷，就會開始吐露心聲。成勳說他時常埋怨世界為什麼不讓自己生在平凡的家庭裡，害他必須背負這樣的痛苦過活，也擔心自己的人生一再重演不幸。

不只有成勳，反覆遭受心理創傷的人容易對自己、他人、未來產生負面想法，從而放棄期待與希望。他們需要的是治癒過去的創傷，並在負面想法出現時，練習以「這不是我的錯，事情一定能成功」取代「沒事」。

修復人生檔案的和解練習

改變負面情緒的替代性思考訓練

「沒有人會理解我」、「大家知道真相後，一定都會離開我」、「要是不能做得跟別人一樣好，我會惹人厭的」、「絕對不能失控」等這類的負面思考源自於焦慮、恐懼、憂鬱等負面情緒。此時，如果不能辨別自己的情緒，而是選擇加以壓抑，將會使痛苦更加強烈。

要是你持續感受到憤怒、悲傷、恐懼等，最好提出一些替代性思考問題，好好緩和你的負面情緒。

★在這種情況下，你還有什麼其他的想法？

★所有的想法中，最客觀的是哪一個？

★當別人遇到同樣的情況時，他們會怎麼做？
★怎樣的想法可以幫助我實現心願（目標）？
★怎樣的想法對我有利？

此外，若想讓壓抑已久的創傷癒合，你得先揭露傷疤，因為壓抑會帶來不安，而不安將再度打造出我們心裡的巨大咚咚。這麼一來，創傷將永遠困在心中。

假如你不想讓過去成為動搖現在的傷疤，那你就該承認那些創傷——創傷需要的是傾訴、發洩，而不是遮遮掩掩。

接下來要介紹的「替代性思考紀錄」結合了先前介紹的「情緒標籤」和「尋找錯誤認知」，可說是識別自我情緒和想法的有效工具——尤其是難以向他人坦白自己受到的傷害的迴避型人格者，對他們來說，這可說是給了一個契機，讓他們得以一個人靜靜地書寫、記錄，藉此覺察自我。

書寫替代性思考紀錄時，首先要做的是回想帶給自己壓力的事件和情況，思考自己對該情況的感受，然後標上情緒標籤。如果當下想起某些想法或畫面，可以記錄下來，以確認自動思考的內容是否存在扭曲的想法。發現錯誤認知後，請以打破該思維的替代性思考問題反問自己，藉此找出相反的證據，並利用替代性思考取代原本的想法。最後，請將此刻感受到的情緒變化重新標上情緒標籤。

替代性思考紀錄將協助你消除認知偏誤，讓你不再只看自己想看的、只信自己想信的事物，而是以更客觀、更現實的觀點來看待情況，解決心理問題。

請確認下列的範例，試著練習看看吧。

日期	5/29	6/18
情況	離開電梯時，後方有個很壯的人突然用力推我，讓我差點摔倒。	當我和同事抱怨上下班變得很麻煩時，旁邊的主管開口說：「那你要去總公司嗎？」（總公司更遠）
情緒（強度百分比）	不開心 疲憊 （70）	煩躁 不悅 （80）
自動思考（確信之程度）	感覺他很看不起我。	看來他是在取笑我，他其實討厭我吧。
錯誤認知	以偏概全：連不認識的人都無視我，我真的是沒用的人。	任意推論：居然讓我在別人面前丟臉，真是沒禮貌的人。
替代性思考	他說不定對我沒有惡意，只是因為有急事，才會急著離開電梯。	主管平常很喜歡開玩笑，說這句話不一定是在針對我。
最終情緒（強度百分比）	安穩 自在 （60）	安穩 自在 （50）

存在主義哲學（Existentialist Philosophy）將「死亡」選為人類成為終生焦慮的動物的首要理由——儘管死亡是人類不可避免的明確未來，但同時也不甚明確，因為沒有人知道自己何時會面臨死亡。為了應對死亡帶來的恐懼，存在心理治療（Existential Psychotherapy）提出「超越死亡或面對死亡將能有所助益」的論點。

塞內卡（Seneca）說過：「唯有準備好結束生命的人，才能享受生命真正的滋味。」逃避死亡的人對自己無法改變的現實感到無力，但接受死亡的人可以從死亡的焦慮中解脫。矛盾的是，那些不知道死亡何時降臨、誓言人生要過得毫無遺憾的人，反而因為死亡活出積極人生，不再被焦慮左右。

創傷也一樣。雖然很遺憾，但我們終究不能改變傷痕累累的過去，然而，如果你能夠全然接受這種必然，它將成為你邁向未來的原動力。

5 某天，找上我的罪惡感

請傾聽生鏽心靈的碰撞聲

第一次在諮商室見到惠景時，她的模樣憔悴不堪。她說，每當自己安心入睡、吃飽喝足、不小心發出笑聲時，就會感到愧疚。她告訴我，她的朋友自殺了。語畢，她用雙手摀著臉哭了起來。我感覺到她努力壓抑著情緒，不讓自己哭得太大聲。

惠景從朋友的姐姐那裡得知了朋友的死訊，姐姐說她是妹妹生前最後一個聯絡的人。從那天起，她一直承受著難熬的自責。

「早知道就不要掛電話了」、「我應該要陪在她身邊的」、「她約我見面時，我為什麼拿忙碌當藉口不去看她？她該有多恨我？」……這些想法不斷湧現在她的腦海中。她說，當自己躺下來睡覺時，朋友獨自生活的套房就會像走馬燈一樣閃現在她眼前，令她十分痛苦——她對於自己沒有阻止朋友自殺感到相當懊惱。事實上，如果冷靜思考，就會發現朋友的死其實和她無關。

接著，惠景提到自己是職場媽媽，對孩子來說，她就像是一個罪人。雖然她想盡辦法要成為孩子精神上的支柱，卻總是在工作壓力很大的日子不自覺向孩子發脾氣，不斷質問「功課寫完沒？還沒嗎？」、「媽媽要幫你到什麼時候？」、「你什麼時候才要念書啊？」。

她很自責，覺得自己是沒有資格當母親的壞媽媽。不管小孩是摔倒受了點傷，還是和同學吵架、放學後氣匆匆地回家，又或是不敢在別人面前出風頭，她都把問題歸咎於自己是職場媽媽。

我們的確不該忽視父母對孩子的情緒與行為所造成的影響，但惠景實在把太多問題推到自己身上了。無論是朋友的死，還是孩子的教養問題，惠景都對自己有錯誤的認知。

無謂的內疚感對我們造成了傷害

有些人不管怎樣都不會生氣，只知道一味忍耐，但那些遲遲無法表露的憤怒總有一天會變成「內疚感」轉向自己。惠景的思考模式就是慢性內疚者的特徵，他們總是將所有責任攬在自己身上——在完形心理治療中，將此稱為「迴攝」（Retroflection）。迴攝的意思是我正在做自己想要在其他環境中進行的事情，或是我希望別人對我做的事。

惠景究竟是從什麼時候開始把一切的錯誤都怪到自己身上呢？這得從她過往的經歷說起。當她還小的時候，如果無法正確區別什麼該做、什麼不該做，父母就會強烈譴責她。

「妳真的丟臉丟到家了。」
「怎麼弄成這樣？妳到底在想什麼啊？」
「妳是笨蛋嗎？連這個都不會！」
「不要找藉口了，真是有夠卑鄙。」
「不懂就不要做，才不會丟爸爸媽媽的臉！」

漸漸的，害怕被父母責備的惠景開始變成懂得在遭受指責之前行動的小孩，父母對此讚譽有加。此外，當她因為朋友而受傷時，大人便會告訴她心胸廣大的人才是贏家，要求她無條件理解別人，而這讓她成為體貼的小孩，凡事都先禮讓朋友。由於想要做好一切，她時常處於緊張之中，迫不得已成為順從父母、師長等長輩的好孩子。

長大以後，每當事情出錯或人際關係出問題時，她就會習慣性地認為「是我沒有做好」、「我應該多理解他的」。之所以會如此，那是因為她

全然接受了父母的意念與態度。直到現在，她仍然像個審查員一樣評價自己的行動——只要發現不足之處，就會責怪自己。

合理、健康的內疚感確實有其必要，因為它能糾正自己的過失，迫使我們對因此受到傷害的他人負起責任。可是，慢性內疚會迫使你對自己無法控制與承擔的他人行為或生活、某些情況下發生的一切感到過度自責，有時甚至會變成傷害自己的怪物。

修復人生檔案的和解練習

與其找出原因，不如聚焦現在

有些人以犧牲者自居，不顧自己無人安慰的傷痛，反而擔心自己對別人造成傷害，整日活得戰戰兢兢。畢竟，他們不知道自己的感受是什麼、想法是什麼、想要什麼，不曾表達自己的意見——對他們來說，表達自己的內心是很自私、不道德、不負責任的行為。

然而，「追求自己的感受與渴望」其實是一件很自然、幸福的事情。惠景如果想把無謂的內疚感轉換成健康的內疚感，那她必須先覺察「此時此地」。

朋友自殺以後，睡不好、吃不下的惠景體會到既沉重又巨大的內疚感，這幾乎毀掉她的日常生活。

出於迴攝，她理所當然地接受自己的痛苦，對於關注自己的身心有多痛苦的自己感到愧疚，下意識地逃避覺察自我。

「妳現在有什麼感覺？如果一直有同樣的感覺，不妨先別想其他事情，把焦點放在那個情感上？」當我這麼問時，她告訴我她很難過。她想要挽回一切，很內疚自己當初怎麼沒有守在朋友身邊。

「情感」是代表我們內心的媒介，連結著滿足或未能滿足的需求。為了察覺引起悲傷與自責情感的需求，我請她寫出三至四個以「我想……」開頭的句子。

「我想見朋友。」

「我想一個人獨處。」

「我想要變得自在。」

完成三個句子的她停頓了一下，不斷流下斗大的淚珠，吃力地跟我說：「老師，我真的好想……好好睡一覺，就算只有一次也好。」想睡覺的話，有誰會責怪她呢？對她來說，想睡覺為什麼成了一種罪？原因在於，她覺得自己是這樣送走朋友的，所以自己不該睡得安穩。

惠景沒有發覺自己很常說兩句話：「我做好就行了」和「我只能這麼做」。我要求她說話的時候，把主語從「我」換成「我們」、「大家」，以及把「我只能……」改成「我選擇……」。她的言詞中完全反映出她想要攬下每件事的心態，所以必須先改變這點。

完形心理治療創始人福律茲．培爾斯（Fritz Perls）說過：「正念即治療。」強調「正念」是心理治療的唯一目標。

過去的事件的確有可能帶給我們影響，但治療的重點應放在「此時此地」。與其找出「原因」（Why），不如聚焦現在，把重點放在「對象」（Who）現在「怎麼」（How）出現這種情況。

為此，首先該做的是留意自己與環境之間的互動出現了哪些情況，接著，釐清自己在每個情況下選擇如何行動。

正念可以從「身體感覺、需求、情感、環境、情況、內心力量、行為」等七種領域切入，像是我目前的身體狀態如何、想做的事或想要的東西是什麼、我的心情如何……請試著以「我」為主，表達目前的狀態。除此之外，留意自己平時是否習慣性或不自覺地使用某些特定的表達方式，這都有助於正念。

當你選擇以正念的方式反映出自己的身體感覺、需求、情感、環境、情況、內心力量、言詞與行動，就能幫助你接受自己沒有意識到的逃避或成癮行為。

當你認清本身的情況與行動之後，就不難帶著健康的內疚感，在需要負起責任的範圍內看待一件事了。

6 不曾撫慰過的心

送別摯愛的創傷

印象派畫家們通常藉由顏色與光線來表現自己看到的大自然的瞬間微妙變化。在這當中，被稱為法國印象派創始人的莫內（Oscar-Claude Monet）為了捕捉光線、季節與顏色的變化，曾經多次描繪了相同的場景，而收藏在巴黎奧賽美術館的〈魯昂大教堂〉（Rouen Cathedral）系列作品便是他的代表作之一。

要是沒有人告訴我他畫的都是同一個教堂，或者另外單獨展示，像我這樣的繪畫門外漢絕對會以為那是在畫另一座外表相似的教堂。我站在原地觀望了許久，發覺每幅畫作的感覺都不太一樣。有些畫給人的感覺是冰冷、黑暗的冷酷城市，有些則是飽含在暖春等待戀人到來的心動。假如畫的是人，究竟會帶來什麼感受呢？

梵谷（Vincent van Gogh）和莫內一樣是印象派畫家，其中最特別的是他畫了很多自畫像。他表示自己是透過光線與顏色，用眼神呈現人物的各種情感。他的畫作風格與莫內相似，乍看之下是不同的對象，但仔細看的話，就會發現那是同一個人的另一種面貌。

我們的情緒亦然。表面上看起來沒什麼兩樣的憂鬱、不安或憤怒，其實都是不同的情緒。因此，如果想要更清楚了解自己的情緒，那就必須先從印象派畫家的做法著手，試著仔細區別情緒的形體與變化——唯有從各種角度進行細膩的觀察，才能摸清肉眼不可見的人心。尤其是送別摯愛的創傷，如果它們遺留在心裡、令你痛苦難熬，你一定要花點時間審視自己的情緒。假如時間不夠充分，你將會一直活在壓抑之中，留在心中的創傷甚至還會使你片刻不得安寧。

充分哀悼，不要一味壓抑

「最近就算什麼都不做，我也會流眼淚。」

每到了雨天，心情就會跟著變得低落、惆悵。每當看見耀眼的太陽，眼眶就會不自覺地泛淚。聽歌的時候，如果歌詞傷感，就會哭著聽完整首歌曲——如果旋律輕快的話，還會覺得太不實際而關掉音樂。

這些情況通通發生在薇朗身上。

我在某家公司的培訓室認識了薇朗，她告訴我，自己時常莫名流淚，很難和他人輕鬆對話。

一年前，她送走了父親。醫院原本說父親只剩下六個月，然而，他與家人多生活了一年才離世。自父親被診斷出癌症末期後，大家就不曾特別聊過這件事，但說不定她的家人們早在心裡預演過無數次與父親永別的場面。我和我的家人也是如此，所以我能明白她的意思。

很多人說，因病死亡不同於猝死，由於有充分的時間為死亡做準備，因此可以妥善處理失去的悲傷。不過，根據我的經驗，無論是突然去世或早有心理準備，送別摯愛都令人相當悲痛。若想戰勝失去的悲傷，關鍵就在於此刻是否有充分哀悼，而非一味壓抑。

從這個層面來看，我花了十年為父親的死亡做準備。自從醫院告知我們必須做心理準備後，過了十年父親才真的離開我們。我本來以為自己已做足了準備，父親臥病十年期間及舉辦葬禮的那三天，我幾乎沒有哭過，但我其實一點都不好。

聽著薇朗顫抖的嗓音，我覺得她的樣子似乎和我重疊在一起。她是家中的長女，必須保持堅強。因此，父親被宣告罹癌的那天，她因為擔心想必比自己更吃驚與絕望的母親，刻意擠出了笑容。

「沒關係啦，爸。沒關係啦，媽。很多癌症末期的人最後都康復了，一定還有別的方法啦。笑一笑嘛～這樣才能戰勝病魔啊～」明明根本笑不出來，但她還是強顏歡笑。他們就這樣帶著笑容過了一年，然後，又過了一年。現在，她已經不知道該怎麼笑了。

未癒合的創傷令人麻木

有一次，我的左手大拇指被厚重的玻璃門夾到，當場出現大片瘀青，指甲也翹起了一角。本來痛得要命，應該要大聲嚷嚷才對，但我卻連一句好痛都說不出口，只是緊閉著嘴巴，發出細微的痛苦呻吟——不知道為什麼，我總覺得自己不能說痛。

母親盯著我又腫又紫的手指好一陣子，唸著我應該去醫院、為什麼要強忍痛苦。當時，我是這麼回答：「腦手術那麼痛苦，爸都可以忍三次了，我只是掉了一片指甲，沒什麼大不了的。沒關係啦，我不會痛。」那個時候，我忽視了情緒發出來的訊號，照樣過我的日子。

在那個當下，我想的是如果我認為「沒關係」，那麼一切就會真的沒關係。而且，如果不這樣做的話，總會覺得自己宛如犯下滔天大錯，因為心中的另一個我老是冷冷地看著我，彷彿在責備我——倘若連這點小事都不能承受，究竟還能做什麼。儘管沒人逼我忍耐，我卻獨自背上了枷鎖。我沒有意識到自己的創傷從未癒合，一直生活在麻木之中。

據說，在戰場上受過重傷的士兵有百分之七十無法感覺到疼痛，因為活下來更重要，所以他們沒有時間去感覺疼痛。當我們放任內心的創傷不管時，如同棄自己於殘酷的戰場上。

修復人生檔案的和解練習

撫慰失去與分離的五個階段

薇朗和我都對自己失去親人的感受不夠坦誠，只顧著把全部的精力拿來忍耐。我們兩個應該要讓自己哭個夠，即便這樣做顯得脆弱、不成熟，但如果能好好哭一場，或許我們就不會受到傷害了。

經歷過失去與分離的人需要的是精神醫學專家伊莉莎白・庫伯勒・羅斯（Elisabeth Kubler-Ross）所說的哀悼五階段——分別是「否認、憤怒、妥協、沮喪、接受」，這同時是每個人在難以忍受的痛苦情況下，自然而然會體驗到的克服階段。

然而，有些人自稱克服痛苦時只經歷了其中一、兩個階段，甚至跳過所有的階段——那不算是克服，只是暫時縫補了失去與分離的前後。雖然

有點太晚了，但縫補的地方出現縫隙、老是莫名其妙流下淚水的薇朗，還是決定重新體驗哀悼的五個階段。

①**否認**：「世界上明明有這麼多人，為什麼偏偏是我父親罹癌？我不斷祈禱，希望檢查結果只是謊言。」

②**憤怒**：「現代醫學怎麼會醫不好癌症？大醫院的醫生也不過爾爾嗎？母親和父親共同生活這麼久，怎麼連他生病了都不知道！」

③**妥協**：「儘管如此，父親仍會希望獨自留下的母親與我們這些小孩不要怨恨彼此、幸福地笑著生活吧。」

④**沮喪**：「身為長女的我什麼都做不了，簡直是無能的笨蛋，我真的對父親好抱歉。」

⑤**接受**：「父親在世的時候，總是毫不吝惜地愛著我們。他到了天上之後，依然會看著我們、幫我們加油打氣吧？」

縱然事情已經過了一年，薇朗還是放聲大哭了。由此可見，她為了盡快忘記父親、讓家人重回以前的生活，實在太過勉強自己了——她終於了解「在安全的空間裡，向安全的人[8]坦承自身的感受」是照顧自己最好的方式。失去與分離時，如果能在自然的情況下走過哀悼的五個階段，便能以健康的方式適應現實。

心理治療師威廉·沃登（William Worden）提出，**經歷過失去的人們在哀悼過程中應該「接受失去的現實」、「忍受痛苦的哀悼」、「適應沒有故人的環境」、「重新安排對已故之人的感情，邁向新生活」**。

哀悼時，最重要的就是**正視「那個人已經過世」的事實**——不否認，並承認它。**為了讓自己接受死亡，對話時必須改變描述故人的時態**。比方說，把「我父親是個好人」改成「我父親生前是個好人」。如果能夠自然變換時態，那就代表你在某種程度上已經接受這個事實。

「適應新環境」意味著你必須適應其他人事物。整理故人的物品是極其自然的適應過程，所以你不必為此感到內疚。除此之外，建立新的關係也很重要。建議各位積極進行各項活動，像是尋找自己能夠開心享受的事情，抑或做些平時喜歡做的事情，例如吃些美味的料理等。

8 譯註：書中說的「安全的人」或「安全對象」，都是指對自己有益的人。

7 失去的一切同等重要

那些留在內心與身上的傷疤

有些記憶光是回想就會讓人重新體驗到當時的可怕，我們稱這種記憶為「創傷」或「心理創傷」。

事實上，我在書中提到的所有傷疤或許都屬於心理創傷——交通事故、死亡、戰爭、性暴力、身心虐待、分離、考試不及格、健康問題、人際關係中一再產生的矛盾等，種類與範圍難以計數。

我們無法全然忘卻可怕的經歷，但抹去留在記憶中的傷痕不無可能。曾經與生命垂危的家人同在救護車上，當時心痛地高喊著「請再開快一點」的人，一聽到遠方傳來救護車警笛聲，就會汗毛倒豎、胸口悶痛，不

能好好呼吸；被狗咬過的人就算看到幼犬，心跳也會瘋狂加速；深愛的人向自己提分手以後，如果再度遇到被人拒絕的情況，便會感到悲傷與自卑，覺得一切失去掌控。這些都是記憶在我們的內心與身上留下的傷疤，它們往往讓我們不能專心工作，也不能輕鬆與人相處。

經歷過創傷的人們無時無刻不活在痛苦之中。在他們的心裡，每天都是槍林彈雨、烽火連天。因此，當他們無法繼續忍受痛苦、感受到不同以往的情緒時，通常都會選擇盡快壓抑或迴避它。可是，壓抑或迴避對於抹去傷痕根本沒有任何幫助。

想要治癒傷疤，必須先撫平躁動的情緒，以正念的態度不帶批判地接受創傷，並且從情緒支持者身上獲得溫暖的共鳴與慰藉——**在一段信任關係中受到支持的經驗，特別有利於治癒傷疤**。

不被承認的悲傷，被剝奪的哀悼

我們經歷的創傷多半與**失去**有關，每個人的一生當中都會經歷一次以上的失去。我們通常會從失去中漸漸復原、適應，但有些失去會帶來心理創傷。

首先，我們應該先**停止區隔「失去」的嚴重性**。大眾普遍認為配偶或子女的死亡是令人茫然失措的失去，離婚、道別、寵物的死亡則是比較輕微的失去，但**對於個人來說，失去的一切同等重要**。

六十多歲的慶玉失去一起生活九年的寵物犬之後，難以承受悲傷，來到了諮商室。她宛如一塊吸滿無力感與憂鬱的海綿，在她身上感受不到一絲快樂與希望。

慶玉在丈夫過世後開始飼養寵物犬，牠在她最辛苦的時候陪在她身

邊，成為勝過任何人的安慰者。慶玉吃飯的時候，牠會趴在腳邊靜靜等待；慶玉難過流淚的時候，牠會鑽到她的懷裡，用臉磨蹭她的臉頰，讓她停止哭泣。

她很自責，不停地說著「如果當初我多帶牠去運動，牠是不是就能活得久一點？」、「要是當初買更營養的飼料或零食給牠吃，現在又會怎麼樣呢？」。

她原本以為自己能夠好好克服這件事，但周遭的親友卻對此不以為意，還說她太軟弱了。「只是死了一隻狗而已，有必要這麼難過嗎？」、「難道世界上沒其他事情好悲傷了嗎？」……這些反應令她愈來愈沮喪，也很受傷。

在情緒心理學中，「悲傷」被歸類在分手、分離或失去熱忱時的情緒，這種情緒來自於因為離別而獨自一人或失去談心對象的情況——尤其是失去對自己有重要意義的依戀對象時，抑或無法認清現實、充分哀悼，或者悲傷的情緒無法得到旁人的認同時，可說是「被剝奪的哀悼」。慶玉被剝奪哀悼的同時，也被剝奪了復原的機會。

我能和誰說，又能說多少？

哀悼被剝奪時，人們通常會選擇把悲傷埋到心裡最深處的角落，不斷壓制或壓抑一切，而不是向他人傾訴、找尋心理安全感。

生活中遭遇的負面事件多少會帶給自己失落感，「失去」必然會帶來悲傷的情緒。此時，個人、社會或文化的差異將會展現出不同的接受程度，比如直接表達失去的悲傷，或者強迫自己默默掩飾悲傷。精神醫學專家指出，**很多身心疾病與平時不斷壓抑的情緒、未完全治癒的創傷有關**。各位務必記得，壓抑絕不是一個好辦法。

美國社會心理學家彭尼貝克（Pennebaker）於一九八二年進行的研究顯示，**經歷過失去的人如果坦承情緒，將對身心產生正向的重大影響**。他研究了因車禍或自殺而喪失配偶的人，想知道他們在事件過後是否會產生健康問題。研究團隊推測，配偶死於社會普遍能輕易接受的死因（車禍死亡）的人應該會保持較良好的健康狀況。我起初看到這份資料時，也有同樣的想法——對於不太與他人分享負面情緒的韓國人來說，其實很容易有這種偏見。

不過，結果出乎意料。在研究中，主要變數不是配偶的死因，而是生存者對他人述說了多少自己的感受——對他人傾訴個人經歷的「告白」不僅能迅速穩定當下的腦波狀態、神經數值，在這之後還改善了免疫功能，更讓血壓與脈搏出現了有意義的變化。

根據彭尼貝克的研究，壓制情緒會在短期內致使身體出現變化，長期累積之下，這些壓力將對健康造成負面影響。另外，壓制會使我們的目光變得狹隘，無法從綜觀的角度看待某些問題，而且還會改變我們的思維模式，讓我們難以跳脫既有的知識與經驗。

據此，哀悼「失去」的悲傷時，「對他人傾訴的告白」至關重要——此刻的告白代表著你明確知道自己的感受，能夠積極談論或思考你在失去時得到的有意義經驗。

修復人生檔案的和解練習

為受傷的人帶來力量的話語

心情煩亂或悲傷時，你會與誰對話？你的答案或許是家人、朋友、戀人、寵物、諮商師，抑或根本沒有這樣的人。誠如前面所述，「是否與他人存在信賴關係」是一件很重要的事——坦率說出愧疚的心情與自責感，或者討厭某個人的想法，都是治癒創傷的必經之路。

如果你身邊的某個人把你視為可以傾訴的安全對象，你應該要好好傾聽他的故事，讓他得以安心地說出內心的痛苦。然後，善用說話技巧引導他更加積極地告白，幫助他自行找出排解心理問題的對策。

接下來，我將為各位介紹幾個結構派家族治療（Structural Family Therapy）所使用的「循環提問」。如果你想幫助因為憂鬱情緒而變得無精打采的朋友了解自身狀態，可以試著在對話中問朋友下列的問題：

★當你感到憂鬱時，你的配偶會從你的行動中看見什麼？

★當你整天心情不好時，你覺得我對你的印象會如何？

★假如我變成一個透明人，到你家的時候會看見什麼景象？

★假如有人把你的一生拍成電影，你覺得會是怎樣的故事？

循環提問不會直接詢問當事者的感受，而是詢問當事者如何看親友。換句話說，它不會直接詢問當事者與他人的關係，而是問這段關係看起來怎樣，令當事者持續思考和感受自己與他人之間的關係。

這種方法能使當事者從旁人、第三者的觀點著眼，更加客觀地看待自己。另外，「改變觀點」也有助於促進治癒創傷的關鍵因素——覺悟。

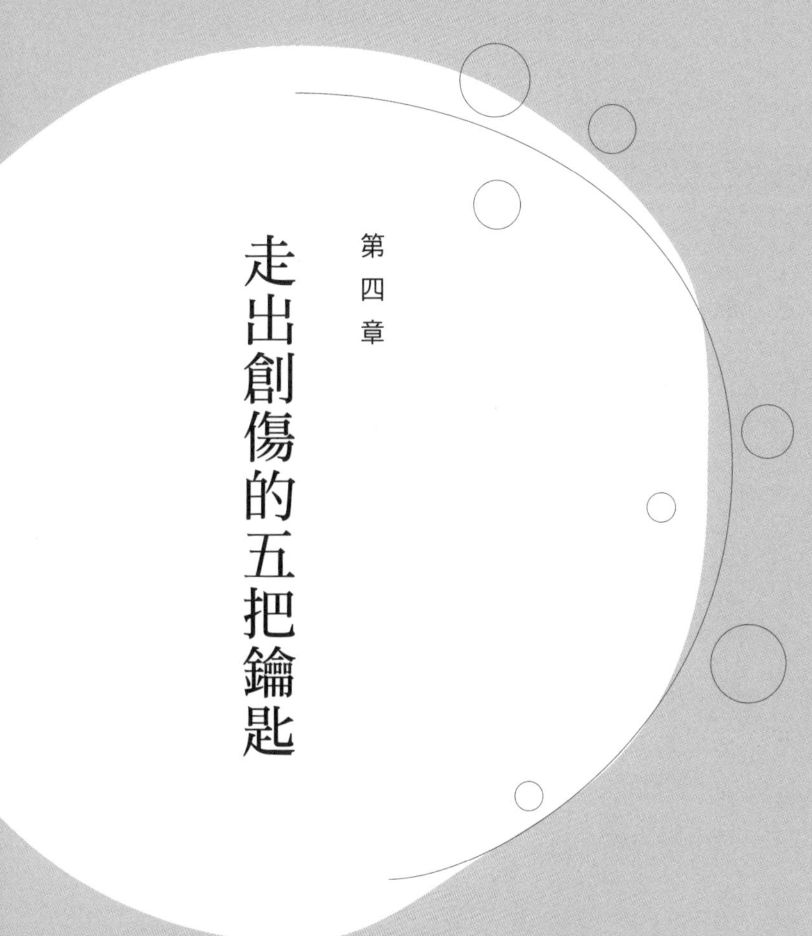

第四章

走出創傷的五把鑰匙

如同玩捉迷藏時，
儘管躲得再好，終究還是會被鬼抓到。
受傷的情緒雖然有可能變得麻痺，
但你不能永遠否認或逃避它。

1 第一把鑰匙：處理生鏽的情感

不再壓制情緒

著名的家族治療師約翰．布雷蕭（John Bradshaw）將無法表達或排解的壓抑情緒稱為「初期痛苦」。從語意上便可推敲出這指的是造成內心傷害的最初衝擊，它與未解決的情緒有關。從這層意義來看，幫助人們走出創傷的第一把鑰匙就是「處理長期漠視的生鏽情感」。

快樂、悲傷、憤怒、擔憂、恐懼、羞愧、自責……我們在一天當中經歷了數不盡的情緒。當我們有情緒時，必須適時地表露——無論是大聲喊叫，還是大哭、大笑。如果你不允許這些情緒自在地展現，就會帶來初期痛苦。

要知道，那些被壓制的情緒終將以攻擊性、爆發性的形式表現出來，抑或對內批判自己——連結內在創傷的生鏽情感將擴散到人生的每個角落，令我們駐足不前或迷失方向。

不過，並非表露所有的情感就能提高生活適應能力。有的時候，選擇不表露情感是為了實現自己的目標或增進人際關係。但是，強行壓抑自己的情緒肯定會讓你顯得不太適應自己的身心、人際關係與生活。

想必大家對於引發性別歧視爭議的作品《82年生的金智英》應該不陌生吧。當時，新聞媒體每天都在報導這個議題，所以我先讀了小說，接著又去看了電影。我知道這個話題有點敏感，但我關注的地方其實和大眾不太一樣。

閱讀小說時，我發現金智英每次碰到自己不喜歡的事情時，都會出現同樣的行為模式，那就是「雖然我想……但我沒有……」。

這裡的重點是「我想……」。明明想要開口，卻忍下來；明明想要做什麼，卻還是逃避現實。這就是在壓制、迴避自己的情緒。金智英罹患多重人格障礙（書中寫的是被鬼附身）的起因就是情緒壓抑——因為無力坦承自己的情緒，所以一遇到困難就會選擇躲到其他人格背後。

情感一定會以某種方式表現出來

情感的英文是Emotion，字源是有「移動」意味的拉丁語「Movere」。神奇的是，動機（Motivation）的字源亦是「Movere」。我相信，情感賦有動搖我們的力量——它不僅有保護自我的「防禦力」，也有令人追尋目標的「動力」。

二〇一六年的冬天，眾人一手拿著蠟燭、一手牽著孩子走過的路[9]，正是一九一九年三月一日大家冒著生命危險、雙手高舉太極旗、呼喊著「大韓民國獨立萬歲」的那條道路[10]——在一百年的時差下，帶領我們

再次走上這條路的正是憤怒的情緒。一九五五年，因種族歧視而被剝奪權利的黑人之所以聚集在美國密西西比州（Missisippi）街頭，也是因為憤怒的情緒。「憤怒」使我們為權利而戰，或者採取防禦行動，不讓自己遭受外界攻擊。壓抑的憤怒絕對具有威脅性，而且還會呈現出具有攻擊性的型態——怒火。

意料之外的傳染病讓我們的日常生活離不開口罩。「要是我或我的家人、朋友當中有人感染病毒，那該怎麼辦？」、「如果因為這樣危害到其他人，那該怎麼辦？」……這些想法令我們持續關注相關報導，擔憂感染病毒的恐懼提醒我們務必實踐戴口罩、洗手、保持社交距離等防疫規定。「恐懼」使我們察覺危險徵兆，得以避開危險。

9 譯註：時值韓國總統朴瑾惠縱容閨密干政，韓國民眾連續數周走上街頭進行蠟燭和平示威。

10 譯註：韓國有史以來第一次非暴力示威活動。

人偶爾會忍不住悲傷。每到了那個時候，我會聽著令人心碎的歌曲盡情哭泣。哭了幾分鐘之後，沉重的心情就會變得比較輕鬆——眼淚能夠淨化悲傷的情緒，從而減輕痛苦。等到掏空積壓在心裡的「悲傷」後，我們便可以開始填補空虛。假如不能盡情哀悼失去或痛苦，說不定會把現在和未來斷送在對過去的後悔之中。

有情緒是很自然的一件事，想要意氣用事也在所難免。然而，從我們以往的經驗來看，情緒不全都是好的，稍有不慎就會讓人覺得你是軟弱的感性主義者，所以不得不加以隱藏——結果，「壓抑情緒」反而成為一種美德。

可是，你必須儘早知道，那些被視為廚餘般不能自然接受或表露的情緒，往往會以偽裝或扭曲的形式出現，使你感染不幸的病毒。

引發情緒的基本原理

為了清掉生鏽的情感，我們必須先了解每個情緒的分類與基本原理：①回應環境刺激的「**適應性初級情緒**」、②反映未排解的過去創傷經驗之「**不適應性初級情緒**」、③不直接反映情況，刻意評價初級情緒的「**不適應性次級情緒**」、④為了操縱他人的「**工具性情緒**」，虛假的淚水、一再發怒等行為皆屬之。無論何時，這些情緒都若無其事地支配著我們的想法與行為。

舉例來說，如同韓國所有的職場媽媽，我也沒有時間陪伴小孩——這點時常變成我的最大弱點。

「媽媽都不陪我玩，哼～」

我在孩子的話語中，明顯感受到他正在表達需求未獲滿足的遺憾情緒。每當他這麼說的時候，我都會向他表示歉意，努力緩解他的情緒。但是有一次，他突然流下斗大的淚珠，哭著說出真心話。

「放學的時候，佳英的媽媽都會拿著雨傘站在門口等她，可是媽媽連一次都沒來過。妳不能不去上班嗎？」

一想到我被他拿來和同學的母親進行比較，我突然洩了氣。不可思議的是，當下的我突然清楚地想起了一個埋藏許久的陳年情緒。我就讀小學時，每逢下雨天，學校前面就會擠滿家長們的雨傘。在那之中，從來沒有等著我的雨傘。畢竟，從學校走到我家要三十分鐘，母親不太可能臨時來接我。

「我那天也很難過，很羨慕同學們。那時候真的好氣媽媽……」我的心臟怦怦狂跳，那感覺就像玩捉迷藏的時候，本以為自己躲得很好，結果卻被鬼抓到一樣。那一天受傷的情緒再度湧現，我頓時感到十分內疚，覺得自己是只顧自己的壞媽媽，痛苦得難以自拔。

雖然只是短短幾分鐘，卻動搖了我的情緒。我感受到的「適應性初級情緒」是對孩子淚水的不捨與歉意。然而，努力照顧小孩的同時，小孩卻把我與同學的母親放在一起比較，而且還充滿怨言，這令我覺得自己的辛苦根本毫無意義，出於防禦而產生的絕望感是「不適應性次級情緒」。此外，回憶起孩提時期的孤獨感與悲傷則屬於「不適應性初級情緒」。

如同玩捉迷藏時，儘管躲得再好，終究還是會被鬼抓到一樣，受傷的情緒雖然有可能變得麻痺，但你不能永遠否認或逃避它——壓制或偽裝並不能挽救情緒。你必須原封不動地接受情緒，在安全的關係中坦率地表現出來。

修復人生檔案的和解練習

在安全的狀態下，以安全的方式，告訴安全的對象

「你願意聽我說說當時的故事嗎？」來談者時常這麼問我。

「當時」是已經過去的以前，多數甚至是二十至三十年前，可說是相當久遠的故事。然而，有的時候，來談者並不願意講述當時的故事。

「一定要說嗎？」

「回想那一天的事，實在令人難受。」

「我不想再想起那個時候的事了，也不想再多說什麼。」

我會告訴他們，如果是這樣，那就不必勉強自己回憶當時的情況。

「不願意說出口」其實是一種尚未紓解當時的不快情緒的訊號。因此，**當**

你可以完整說出這些情緒時，那就表示你的創傷開始癒合了。

每當我覺得煩悶、生氣的時候，我都會有大聲喊叫的衝動。如果能在四下無人的空間一個人盡情吶喊，將會暢快得有如疏通堵住水路的泥沙，這種如釋重負的喜悅就和壓力鍋的水蒸氣伴隨宏亮的笛聲傾瀉而出的感覺一樣。

情緒聚焦治療（Emotion Focused Therapy）的創始人格林伯格（Leslie S. Greenberg）曾對此表示，消除恐懼的唯一方法就是「感受恐懼」。縱使那是在不情願的經歷中所產生的痛苦情緒，你也該試著充分感受，接著再經由言語或文字表現出來，才能有效排解。我不斷寫書的原因，也與此相去不遠。

假如回想令人受傷的往事便讓你痛苦萬分，不妨試著重新體驗當時感受到的情緒。當然，在那之前，你必須備妥防護裝置，盡量降低體驗情緒時的副作用。

如果想要在沒有副作用的情況下平靜地消除不悅的情緒，最好能**在不會影響他人的「安全情況」下，以不會傷害任何人的「安全方式」，告訴可信賴的「安全對象」**。對於治癒創傷來說，最完美的情況是同時滿足這三個條件，但就算只滿足其中一、兩個條件，那也聊勝於無。

有一位來談者因為苦於人際關係，最後決定進行諮商。

他與熟人相處時，都可以自在地表達自己的想法，唯獨某個主管例外。漸漸的，他開始對上班感到不知所措。在他的眼中，那位主管對自己的態度和其他員工不太一樣，口氣總是很差，表情也不太自然。每次碰到向對方報告工作內容的日子，原本好端端的肚子就會突然痛到不行。他極力裝作無所謂，說自己工作表現不好，被主管討厭也是理所當然的。

我先讓他明白諮商室是很安全的地方，接著請他想像那位主管正坐在空椅子上，幫助他說出自己想說的話——他首次釋放出怒火，從愈來愈激昂的聲音與逐漸急促的呼吸聲來判斷，我可以感受到他這段期間過得有多痛苦。

情緒無法束縛。將自己感受到的真實情感經由話語或文字好好發洩之後，你會發現有如鉛球般沉重的心情變得輕鬆無比。討厭主管的來談者對著空椅子表露想法後，痛快說道：「雖然不是對本人說，但心情變得輕鬆很多呢」、「儘管我很生氣，還是能理解他的心情」、「我應該更積極改變自己才行」。

面對自己的真實感受後，人就會擺脫不自在的情緒，變得身心舒暢，得以接納自己與自己的處境。

2
第二把鑰匙：與自己保持距離

站在客觀的角度重新確認事實

拜訪諮商室的來談者多半有逃避傾向，他們的信念是「什麼都不做，就什麼都不會發生」。如果感覺不太對勁，他們就會實踐「外面的世界很危險」的原則，一動也不動——尤其是在對待人際關係時，他們一定處於防備狀態，因為他們認為他人的評價很可怕，況且他們對自己也不寬容。因此，走出創傷的第二把鑰匙就是讓自己成為第三人、與自己的看法「保持距離」。

接下來要說的是我在某家中小企業進行團體諮商時發生的事情。

由於高層主管與部門主管全都出席活動，所以現場有明顯的職級落差。為了減少他們之間的尷尬感，我請他們用形容詞表達自己對其他人的印象，然後讓本人從參與者寫的形容詞中挑出最熟悉的詞彙。其中有一位選擇了「穩重」。

「您對『穩重』的看法是什麼呢？」

「我認為是很胖、很醜的意思。」

我和參與者們同時看向他，大家都露出了很意外的表情，因為他的外表根本就不胖。我請寫下認為他「穩重」的參與者分享自己實際想傳達的意思。

「感覺他看起來很沉穩、慎重。」所有人都點頭。

當時，有一位參與者表示他一點都不胖，似乎對自己有很深的誤解。他是這麼回應的：「小時候，家人經常說我又胖又醜。現在，老婆也常常嫌我太胖，老是叫我減肥。我真的對我的外貌沒有自信。」

我問他：「你覺得你前面的人看起來胖嗎？」他回答：「不，他一點都不胖，身材看起來很適中。」我告訴他，他們兩人的身材相仿，參與者們全都同意這個看法。他露出了無法置信的表情與動作。

有的時候，我們的部分想法與現實完全不同。如果這個想法變成自卑感，你就必須用他人的眼光重新確認事實，而不是用自己的，我們稱之為「自我客體化」（Self-Objectification）。所謂的「自我客體化」，就是站在客觀的角度去看「真實的自己」、「自己想要成為的自己」、「別人眼中的自己」究竟有什麼差異。

自我客體化的鏡子

假設有兩個人，其中一人經常想著「我為什麼是這副模樣？」、「這世界為何對我如此殘忍？」、「人們為什麼對我這麼刻薄？」、「好運怎麼總是與我擦肩而過？」，認為自己沒有價值與能力，不信任別人或世界，對未來也不抱任何希望。

相反的，另一個人則是覺得「我知道一切的答案」、「世界上所有的人都羨慕我」、「我雖然話很多，但也善於傾聽，想必大家都想跟我聊天吧」、「大家都對我的話有共鳴，認同我說的話」，不願承認理想自我與現實自我之間的差異，太過追求優越的自我，進而試圖隱藏差勁的自我。

一個對自己太苛刻，另一個卻又太寬待。他們兩人不僅具有錯誤的自我形象，心裡也都住著「受傷的內在孩子」。

「自戀」（愛自己的心意）是從「自我客體」發展而來。在這裡，自我客體指的是發揮鏡子功能的人，近似於我們出門前為了確認自身狀態所照的鏡子。

內在想法也是大同小異。我們通常會透過擁有鏡子功能的自我客體

（父母、兄弟姊妹、朋友、同事等）了解和接納自己的身分，以及明白自己是怎樣的人。

時常在日常生活中聽到自我客體對自己說「做得很好」、「長得很好看」的人，自我形象多半是討人喜歡、有用的人。反之，老是聽到別人說自己「不會做事」、「長得很醜」的人，自我形象多半是不受到關注、無能的人。

過於偏頗的刻板自我形象會使人們不能好好面對人生的挫折、失敗和創傷。也許，我們需要一面新的鏡子來投射自我。

修復人生檔案的和解練習

用「第三人稱視角」看自己

心理學中有個「牆上蒼蠅效應」（Fly-On-the-Wall Effect），它主要來自於美國心理學家奧茲朗．阿杜克（Ozlem Ayduk）與伊森．克洛斯（Ethan Kross）講述的牆上蒼蠅。

和男友分手後，含著眼淚走進家門的女子坐在房間角落，邊哭邊平撫自己的傷痛。當她抬頭時，赫然看見牆上有隻蒼蠅。她頓時產生了奇妙的感覺，她覺得那隻蒼蠅應該一直盯著自己看吧。那一瞬間，她突然想到：「在蒼蠅的眼裡，我的痛苦和眼淚根本沒有意義吧？」如果連蒼蠅都覺得沒什麼的話，自己又何必這麼在意呢？於是，她的心情逐漸平復。她仔細想了想，分手反而是件好事，因為男朋友再找就有了嘛。

從旁觀的蒼蠅角度來看自己的方法被稱為「牆上蒼蠅效應」。當你遭遇失敗或挫折時，如果能以第三人稱視角客觀地看待當下的情況，將會得到正向的結果——這就是「保持距離」的力量。在第三人的觀點下，你將會看到第一人稱視角看不見的內心創傷。

在前面的故事中提到的穩重男人可以試著進行以下思考：「過去的我聽到別人說自己又醜又胖時，總是很傷心、難過。因此，現實中的我對自己的外貌愈來愈自卑，開始害怕站在他人面前，一心只想逃避別人的眼光，但客體眼中的我給人的感覺其實是身材健壯、穩重、值得信賴的，而不是胖。」

再舉一個例子。當一對夫妻因為小孩教養問題發生爭執時，丈夫說：「妳整天待在家裡，不太清楚職場，所以才……」身為全職主婦的妻子聽完這句話後，覺得自己應該看起來很無能，所以才會讓丈夫無視自己，並因此感到難過與憂鬱。這時，如果退後一步，以第三人的觀點來看這件事，結果會如何呢？「所以我不是比誰都了解小孩的生活習慣嘛」、「老公應該是因為工作很累，才會說這種話」……這是不讓自己被內在創傷淹沒的一種方法。

藉由從遠處觀望飽受過去「內在自我」之苦的現在「現實自我」，以「客觀自我」的力量協助自己承認和克服創傷。

3

第三把鑰匙：得到同理的力量

養大我的八成是什麼

徐廷柱（號未堂）的詩作〈自畫像〉中有段著名的小節：

二十三年來，養大我的有八成是風。

假如要解析這首詩，這裡的風是指痛苦、徬徨和考驗。偶爾想起這段話時，我就會思考養大我的八成是什麼，而我最常想到的就是「父親」。

父親出車禍之前，我一直是開朗的小孩，懵懵懂懂地在關愛中成長。自他車禍以後，我開始過著一刻也不容浪費的生活。我想過，說不定是後

來的種種痛苦造就了現在的我。與此同時，我也思考過，痛苦與磨難究竟讓我成長了多少？

二〇一五年，美國名校生接連自殺。根據大學諮商中心的分析結果，這些學生在高中時都是獨占鰲頭的資優生，他們在進入名校後，碰到其他比自己更優秀的學生，從而遭受過大的打擊。此外，分析結果中還提到自殺者都有「割草機父母」（Lawnmower Parents）。

「割草機父母」指的是宛如割草機般徹底清除子女眼前道路上的石頭、雜草等危險因素的父母。在父母精心修整過的道路上，剩下的只有成功。然而，這些只經歷過成功、從未遇過逆境的小孩，如果走到沒有清除乾淨的道路上，又會發生什麼事呢？他們能自行突破重圍嗎？還是會放棄呢？心理諮商師們指出，過度保護子女、剝奪他們獨立機會的父母們也要對此結果負責。

明尼蘇達大學教授馬蒂・羅斯曼（Marty Rossmann）對八十四名孩童

的成長過程進行追蹤與分析，結果發現三到四歲時開始幫忙做家事的小孩不僅和親友關係融洽，學科和工作方面也都取得了成功。而且，從小幫忙做家事的小孩自我滿意度高於完全不做家事的小孩或十幾歲才開始做家事的小孩。這項研究中的孩童父母之育兒態度與割草機父母大大不同，其中的核心概念就是自我心理學中提及的「最佳挫折」。

從自己與他人身上得到同理的力量

在自我心理學中，「最佳挫折」是個人自我發展的其中一個要件。也就是說，人需要不斷經歷適當的逆境，才能有所成長。不過，這並不代表所有的挫折都有助於成長，前提是「人必須得到父母或雷同角色的充分理解與接納」，才不至於在經歷挫折時感到絕望或放棄。

自我心理學大師海因茨．寇哈特曾說過，生命中的「心理缺陷（創傷）」可以在同理的環境中得到治癒。從這個層面來看，走出創傷的第三把鑰匙便是「從自己與他人身上得到的同理心」。

海因茨・寇哈特提到，正如身體需要空氣與食物來維持生命，心理也需要同理心來維繫生命——他認為同理心在一個人的生涯發展中占有極為重要的地位。他所說的同理心具有以下三種特徵：

①同理心能夠幫助我們體諒他人。

②同理心是收集有關人類內在經歷的一種工具。

③同理心雖然沒有治療行為，但有治療效果。

你的一生中，**如果一直有人以同理心回應你的感受，將能使你忘記傷痛、恢復成健康的自我**。

同理心總共有兩種，分別是①帶有鼓勵的微笑、牽手、擁抱等回應感受的「初層次同理心」，以及②察覺對方的語意後，透過語言表達的「高層次同理心」。高層次同理心不只針對外在情感，它對內在情感也會有所反應。

打個比方，假如有人說：「我對孩子們好抱歉。平常我要上班，還要準備證照考試。到了周末，又要做平常沒時間做的家事。結果，我根本沒時間陪他們。我真是一個壞媽媽。」而對方的回應是：「妳想多陪伴孩子們，同時好好完成工作和課業，卻做不到自己滿意的程度，應該很難過吧。」在這名母親的一生當中，就算只有這麼一個人對她的想法表達感同身受，也足以讓她走出創傷。

修復人生檔案的和解練習

覺得自己什麼都做不到的時候

儘管如此，遇到說著自己什麼都做不到的人時，應該怎麼回應呢？假設現在是你的家人或朋友，或者是你覺得自己什麼都做不到的時候，究竟該如何是好呢？

我想以心理諮商師的身分說說我的看法。心理諮商是訴苦的來談者與諮商師共同協力尋找最佳解決辦法的過程。可是，若來談者深陷無力感，諮商師恐怕也是力有未逮。

一般來說，我會建議來談者進行一些簡單的活動，比如散步、運動、種植花草、當志工等，幫他們找回一些活力。不過，因巨大的壓力與創傷導致內心變得脆弱的來談者往往對任何事情都提不起勁，就連簡單的事情也沒有自信。此時，比起鼓勵他們面對嶄新、陌生的課題，倒不如引導他們回想從前的成功經驗，提醒這些一直經歷失敗的人，他們也曾有成功的過去。

很多人都能接受這項提議，畢竟大部分的人都有過很好的經驗，但仍有人會悲觀地說：「沒有，我的一生只有失敗，我什麼都做不到。」在這種狀況下，作為一個諮商師，我唯一能夠說的只有這麼一段話：「原來如此，您一直以來都活在那些無法解決的痛苦當中，能夠堅持到現在，應該很辛苦吧。既然如此，是誰熬過這些痛苦呢？」這個時候，不斷防備提問的來談者無疑會說出：「我。」沒錯，正是這個「我」。

人生在世，任何人都會遇到無法承受的折磨。

或許，時至今日，我們仍在向自己施壓，要求自己必須克服痛苦，而且無論如何都要戰勝苦痛，可是有些時候，「透過『接受的語言』全然接納痛苦」也是一種辦法。

請試著與自己對話，花時間同理自己。

★過去的事無法重來，未來該怎麼做更重要。
★執著於過去是沒有用的。
★唯有這一瞬間，才是我能夠改變的時間。
★目前發生的事情，很多都是無可避免的。
★你不需要獨自背負過多的包袱。

喬・考特萊特（Jo Courtlet）曾於著作《從失敗中獲得的忠告》（暫譯）中寫到，**在你認識的所有人裡面，「你」是唯一一個絕對不會離開或不見的人**。每當我遇到長期活在創傷當中的人時，我一定會對他們說這句話。

請各位務必記得一個事實：哭喊著自己的人生為何如此辛苦、好像快要不能呼吸的人，以及必須在這種痛苦中繼續堅持下去的人，到頭來，終究是你自己。

4
第四把鑰匙：改變記憶的脈絡

當那一天的記憶成為創傷

死亡、失去、暴力、騷擾、虐待、排擠、離別、挫折……人的一生中，必然經歷無數次所謂的「心理創傷」。

大家時常說「人必須克服或接受創傷」，但某些時候，「建立目標去克服和接受」聽起來就像是要當事人繼續挖掘創傷，只會令人更加痛苦。

他們沒有勇氣反抗，也沒有做好抗爭的準備，更無意與之發生衝突，僅僅期望它不再繼續折磨自己。於是，他們來到諮商室，吐露自己從未說出口的祕密，做出最後的掙扎，以擺脫猶如地獄般的「那一天的記憶」。

允榮記憶中的那一天大概發生在她六歲的時候。父母離婚後，與母親同住的允榮經常覺得很孤單，她很羨慕那些有爸爸的朋友。每當看見身穿西裝、拎著公事包經過的叔叔們，她就會在心中暗忖，如果那是我爸爸該有多好。

幼兒園放假時，需要上班的母親不得不把她暫時託付給外婆。起初，害怕與母親分開的允榮總是哭個不停，但外婆家常有客人出入，所以她開始不再覺得孤單，而且叔叔（在她的記憶中，所有的男性大人都是叔叔）們都說她很可愛，時常撫摸她的頭，買好吃的零食給她。

其中有個叔叔特別常來看她，有一天他突然說：「允榮啊，叔叔買冰淇淋給妳吃，好不好？要一起去嗎？」允榮因為和他很熟，毫不猶豫地跟了出去。

叔叔坐上摩托車後，讓她坐在自己前面，用一隻手將她抱在懷裡。就這樣，在到達超市前的短暫時間內，叔叔摸遍了允榮的身體。當時，她認

為叔叔只是很喜歡自己，對此並不感到厭惡，她以為這就是她從未感受過的父愛。

在允榮的成長過程中，每次去外婆家時，都會和那個叔叔見面。他一直用同樣的方式對待允榮，一邊撫摸她的手腳、一邊說著：「允榮皮膚這麼白，又很光滑，實在很漂亮。以後要和叔叔一起睡覺喔，知道嗎？」過了很久，允榮才發覺自己遭受性騷擾，從此不再去外婆家。即便當時年紀很小，她依舊對自己的愚蠢行為感到後悔，覺得自己是沒用的人。

她至今仍無法擺脫那時候的記憶。

用「正向經驗」取代原本的印象

走出創傷的第四把鑰匙是「改變記憶的脈絡」。我們會把人生中有意義的事件轉化成印象（心像）儲存起來，就像畫畫或拍照一樣——開心愉快的記憶稱為回憶，令人痛苦的記憶則稱為壓力事件或心理創傷，它們都會存成心像。在書中，我們把這些壓力事件統稱為「創傷」。

允榮遭遇的事件在一開始並沒有引發強烈的情緒反應，但隨著她愈來愈了解性之後，這個記憶讓她開始覺得自己很沒用，在她心中造成極大的壓力——她恨不得像編輯影片一樣，直接剪掉當時的記憶。

過去的創傷不但沒消失，甚至一輩子如影隨形的原因在於「沒有能夠取而代之的正向經驗」。此外，正如前面所述，極度的壓力或創傷事件並非以語言認知的型態存在於記憶中，而是以印象（視覺認知）的方式，所以對情緒的影響會更加明顯。在這種情況下，「更新視覺認知」才有機會解決問題。畢竟，想像從未發生過的事好過記起曾經發生過的事。

在學生時期，人們很常利用塗鴉來紓解壓力，這種方法也適用於心理治療。先畫出讓你深感壓力的景象，然後以塗鴉的方式，設法把它修改成其他景象——換句話說，就是以別的印象替換原本的印象。

以「心像改編」或「重建印象」著稱的這種技巧時常發揮神奇功效，讓人得以忘卻難以忘懷的記憶。在本身繪畫實力遠不及畢卡索（Pablo Ruiz Picasso）或拉斐爾（Raffaello Sanzio da Urbino）的前提下，畫出與想像天差地遠的景象後，就能初步緩解壓力，接著，再以其他的景象自然而然地改變你的記憶，讓你從壓力中脫身。

修復人生檔案的和解練習

透過重建印象，改變記憶的脈絡

六歲的允榮無能為力，但三十歲的允榮可以試著思考自己能做什麼。心理創傷嚴重的人時常這麼說：我不能與對方匹敵。他們認為自己無法戰勝或接受帶給自己傷害的人，所以就算再委屈、憤怒，也只能默默把創傷留在心底。但是，他們說錯了。

或許過去的自己年紀太小、力不從心，但是，現在的自己無論身體或內心都已經是成人了。更何況，負責治療心理創傷的不是過去的自己，而是「現在的自己」，理應能夠鼓起勇氣去做，不是嗎？

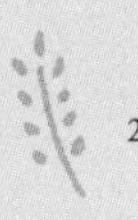

①回想創傷事件，畫下印象最深刻的景象，然後說明自己當時的看法。

②隨著時光流轉，如今的力量已經比過去強大，資源也比過去更多，說說現在的我如何看待這件事。

③先不考慮實現的可能性，盡情想像能做的事，直到當時的自己笑出來為止。使用不同顏色的畫筆，將這次的想像覆蓋在步驟①的畫上。

④回想步驟③改編的印象（心像），反問其意義。

假如不能親自畫圖，不妨閉上眼睛或凝視無人的地方，在自己的腦海中想像。如此一來，在未來想起那一天的記憶時，便會同時想起另一個景象，藉此減輕痛苦。

儘管印象改變，過去的記憶也不能像剪輯一樣，馬上從記憶中徹底消失。創傷的印象一開始會與替代的景象交雜在一起，然後日漸模糊，而替代的景象則會愈來愈清晰。漸漸地，你就能擺脫痛苦的瞬間。

5 第五把鑰匙：放下

接受不得不放棄某些事的事實

不得不說，你目前所從事的職業，極有可能是從小到大內心經過多次妥協後的選擇。

幼兒園小朋友哲秀說：「我長大要當總統。」

小學生哲秀說：「我長大要當藝人。」

國中生哲秀說：「我長大要當藝術總監。」

高中生哲秀說：「我未來要當化妝師。」

二十歲哲秀說：「到大企業上班最好。」

小時候都是根據興趣決定理想職業，但我們會在成長的過程中，逐漸因為本身的適性、能力及環境條件等現實因素，開始放棄原本的理想——在選擇職業時，更是會出現「說服自己、放棄理想、與現實妥協」的反覆循環。

不過，如果始終不願放棄或妥協，究竟會發生什麼事呢？不得不說，活在未排解的需求與情緒之中，自然會和幸福漸行漸遠。

這個章節雖然以職業為例，但欲望與需求所帶來的傷害其實遠大於此，盼各位帶入自己難以割捨的欲望與需求，好好加以思考。為此，走出創傷的第五把鑰匙正是「放下」。

奇正從小就夢想成為抓捕罪犯的帥氣刑警。

他想要到警大就學，卻沒考上。在一般大學行政學系畢業後，他開始準備警察幹部候補生考試。三年下來，他的名字不曾出現在合格者名單上。由於他必須仰賴父母的零用錢準備考試，對家人十分歉疚，所以他決定放下自己的欲望。

在和父母約定好的最後一年，他用心讀書，終於考上獄警。警察工作和這份工作的差異在於一個是「抓犯人」，另一個是「教化抓到的犯人」。從某個角度來看，兩者不無關聯。

他的父母不停為他打氣，說他如果當上刑警，每天都要忙著抓犯人，不能好好吃飯，所以當安全的公務員反而更好。奇正也開心了一陣子，對於這段時間的辛苦沒有白費感到欣慰。

不過，就在某一天，當初一起準備警察考試的後輩傳了一個訊息給他：「奇正哥，最近過得好嗎？我終於考上警察了。如果你沒放棄、繼續堅持的話，想必也會考上，真可惜。我收到通知後，第一個想到的就是你，所以才來聯絡你。」他向後輩回傳了祝賀訊息。

從那天晚上起，他連續腹痛了三天。所謂的「堂兄弟買地，讓人肚子痛[11]」就是這種道理吧，他甚至指責自己：「喂～金奇正，你就只有這點能耐嗎？」他感覺自己變得心胸狹窄，對自己很失望。

另一方面，他也不斷洗腦自己：「獄警的工作和警察一樣很有價值，我已經很幸福了，真滿足啊～」他卯足全力控制自己的內心，不讓自己產生羨慕後輩的念頭，卻愈想愈覺得那傢伙到底憑什麼如此好運，如果當初沒有放棄，說不定現在也合格了，都是媽媽害了自己。

選擇職業的過程中所經歷的抉擇、放棄與妥協，其實會形成一股強大的壓力。依據戈特弗雷德森（Gottfredson）的職業抱負發展理論所述，人類滿足和適應目前職業的其中一個條件是必須經歷「接受自己不得不放棄某些事」的過程，而且還要根據所選的職業改變自己的期待與欲望。

可是，現在的奇正難以接受現實，以至於他無法滿足於他人強烈嚮往的獄警職缺，對這份工作沒有絲毫熱情。

與其找出不幸的理由，不如讓自己變得幸福

試著想像一下，你正在和一個可怕的大怪物拔河，而你和牠之間有個深不見底的巨洞。如果你輸掉了這場拔河，十之八九會掉進洞裡。所以，你為了不讓自己掉進去，使出渾身解數，不斷將繩子往回拉。但問題是，當你拉得愈用力，怪物回拉的力氣就愈大。這個時候，你該做的是什麼呢？答案是，放下繩子，走你自己的路。

「只要我願意放下，滿足於現在的工作，就能健康、幸福地過日子了吧？」很多人提到自己不幸福的理由時，都會急著把責任推給某件事，說著「都是因為……」或「要不是……」。倘若能夠察覺正是這種做法為自己帶來不幸，說不定還有轉圜的餘地。然而，要做到實在不容易，何況也

11 譯、編註：韓國俗諺，用來比喻見不得別人好。

沒有人願意承認。

讓自己變得幸福的方法其實很簡單，那就是不要把精力用在放下欲望，而是**直接承認與接受「放下欲望很難」**。人的欲望止於滿足之後，欲望若沒有獲得滿足，放棄談何容易？因此，我們應該承認「放下欲望很難」的事實。

如此說來，我們應該努力的目標是「滿足於現在的工作」。與其不斷對過去的事情鑽牛角尖，不如把精力用在目前與未來該做的事情上。換言之，我們必須好好思考自己該做什麼才能看見目前工作的價值，並對其感到自豪、滿足。

擔任矯正部委員時，我認識了一個相當忠於當下、盡自己最大的努力來教化受刑人的獄警。他深信，受刑人必定能夠改變。為了教化他們，他動員所有人脈，邀請各界知名人士親自教授人文課程。此外，他對受刑人的技職訓練也很用心，力求他們出獄後能盡快適應社會。

很多出獄的受刑人將他視為母親或朋友，不時透過信件或電話轉告他自己改變後的生活。他還會定期與出獄的受刑人見面，另外幫他們安排教育課程等。儘管他總是很忙碌，卻仍精力充沛、笑容滿面——他真的在自己的工作中獲得滿滿的成就感。

修復人生檔案的和解練習

找出人生的優先順序

雷茵霍・尼布爾（Reinhold Niebuhr）的祈禱文中有個相當著名的段落：「主啊，請賜給我平靜，讓我接受不可改變的事。請賜給我勇氣，讓我改變應該改變的事。請賜給我智慧，讓我分辨什麼可以改變、什麼不可改變。」

奇正目前所需要的，正是祈禱文中提到的智慧與勇氣。他必須把注意力放在可以改變的事物上，並且加以實踐。因此，他必須試著找出這份工作的新價值，讓自己獲得滿足。

首先，他需要評估個人價值觀，釐清自己的人生優先順序。在家人、朋友、另一半等人際關係領域，以及工作、職業等個人成長和發展相關領域，甚至是休閒、運動、宗教、健康等休閒領域當中，選出自己看重的項目，然後寫下自己的優先順序。

如果難以決定優先順序，可以試著寫下「墓誌銘」，以間接的方式確認自己追求的核心價值是什麼。著名的作家蕭伯納（George Bernard Shaw）的墓誌銘如此寫道：「我早知道一直猶豫不決的話，這種事一定會發生。[12]」意思是我們如果舉棋不定，只會讓人生徒留遺憾。我們可以從蕭伯納的墓誌銘推斷，他的人生優先順序著重於個人成長和發展。當你決定不出哪件事較具價值時，不妨透過寫墓誌銘的方式，釐清自己的人生優先順序。

緊接著，請制定具體的短期、長期目標與行動計畫，促使自己投入其

12 譯註：蕭伯納的墓誌銘英文為「I knew if I stayed around long enough, something like this would.」（我知道如果我活得夠久，這種事一定會發生），但難以配合下文，故此段以韓文原文為主。

中。此時，應該想盡辦法實踐計畫，以達成目標，但我們很容易三天打魚、兩天曬網，因此，建議各位在建立目標時，可以先寫下「目標－行動紀錄」，思考哪些心理障礙可能妨礙計畫的實踐——事前排除障礙，自然能提高執行專注力。

想想自己實踐計畫時，可能產生什麼想法、情緒或遇到什麼障礙吧。此時，你不必過於努力壓制妨礙行動的心理障礙，只要以「原來我有這樣的想法和情緒」的態度承認事實就行了——雷茵霍・尼布爾的祈禱文中所提到的「平靜」正是這種態度。消除障礙之後，你自然能專心付諸行動。

無論是誰都有可能在對抗欲望時受傷。在這種時候，與其緊緊抓住無法放下的欲望繩索，與之角力，倒不如竭盡所能制定具體目標與計畫，思考當下可以做什麼，並且好好加以實踐。只要能夠放下欲望的繩索，你就不會再掉進創傷鑿出的巨洞之中。

練習填寫「目標－行動紀錄」

目標	實踐	相關行動	障礙
達成價值（目標）的方法	達成目標的日期	達成目標的具體計畫	心理障礙
為了獲得平靜的生活，致力於矯正與教化受刑人。	上班期間持續進行（長期）。	詳細確認不適應者的個資與家庭關係後，開始進行個別輔導。 協助申訴小組的工作，努力化解對象的不滿情緒。	覺得自己十分無能。

國家圖書館出版品預行編目（CIP）資料

告別隱形傷痕：抹去創傷印記，卸下背負許久的情緒枷鎖，開啟修復人生的和解之旅／孫廷沇著；Loui 譯. -- 初版. -- 臺北市：方言文化出版事業有限公司，2023.07
256 面；14.8×21 公分
譯自：상처 주는 것들과의 이별 : 불편한 감정 뒤에 숨어버린 진짜 나를 만나다
ISBN 978-626-7173-77-0（平裝）

1. CST：心理輔導　2. CST：生活指導

178.3　　112008525

告別隱形傷痕

抹去創傷印記，卸下背負許久的情緒枷鎖，開啟修復人生的和解之旅

상처 주는 것들과의 이별 : 불편한 감정 뒤에 숨어버린 진짜 나를 만나다

作　　者　孫廷沇
譯　　者　Loui

副總編輯　鄭雪如
責任編輯　曾鈺婷
業 務 部　葉兆軒、陳世偉、林姿穎、胡瑜芳
企 劃 部　林秀卿、李燕妮
管 理 部　蘇心怡、陳姿伃、莊惠淳

封面設計　萬勝安
內頁設計　顏麟驊

發 行 人　鄭明禮
出版發行　方言文化出版事業有限公司
劃撥帳號　50041064
電話／傳真　（02）2370-2798／（02）2370-2766
法律顧問　証揚國際法律事務所　朱柏璁律師

定　　價　新台幣 350 元，港幣定價 116 元
初版一刷　2023 年 7 月 26 日
I S B N　978-626-7173-77-0

方言文化